El polvo de sus pies

Volumen 2

El polvo de sus pies

Volumen 2

Reflexiones sobre las enseñanzas de Amma

Por Suami Paramatmananda Puri

Mata Amritanandamayi Center, San Ramon
California, Estados-Unidos

El polvo de sus pies – Volumen 2
Reflexiones sobre las enseñanzas de Amma
Por Suami Paramatmananda Puri

Publicado por:
Mata Amritanandamayi Center
P.O. Box 613
San Ramon, CA 94583
Estados Unidos

Primera edición : abril 2018

Dirección en España:
fundacion@amma-spain.org
www.amma-spain.org

En la India:
inform@amritapuri.org
www.amritapuri.org

Contenidos

Dedicatoria

*Saludamos a
Shri Mata Amritanándamayi,
la Madre Universal,
la disipadora de la miseria del mundo,
la que ahuyenta la oscuridad de sus devotos
y se muestra como la Conciencia Eterna
que habita en el corazón,
la que brilla como la Verdad Trascendente
que subyace al mundo y al más allá.*

Prólogo

Desde 1968 Suami Paramatmananda Puri ha vivido como renunciante en la India, donde se marchó con diecinueve años para empaparse de la esencia espiritual de esa cultura grande y antigua. En el transcurso de los años ha tenido la suerte de relacionarse con muchos santos y sabios. Esos encuentros culminaron cuando en 1979 conoció a Mata Amritanándamayi, su guru.

La primera vez que Suami se encontró con Amma, le preguntó cómo debía seguir su sádhana. Amma le respondió: «Conviértete en el polvo que hay debajo de los pies de todos». De ahí viene el título de este libro.

Como era uno de sus principales discípulos, se le acabó pidiendo que volviera a los Estados Unidos para ser el director del primer áshram en Occidente, el centro Mata Amritanándamayi de California, en el que residió de 1990 a 2001.

Muchos de los residentes y visitantes del Centro todavía recuerdan que uno de los momentos culminantes de su estancia eran las charlas de Suami en las que hablaba sobre sus experiencias en la India, su comprensión de las enseñanzas de Amma, las escrituras y su vida en el camino espiritual. Con ingenio y humor, sintetizó Oriente y Occidente y creó un foro de aprendizaje espiritual para personas de cualquier procedencia.

Aunque Suami no ha dado ninguna charla pública desde su regreso a la India en 2001, hay muchas grabaciones de sus satsangs que aún no han sido publicadas. Este libro es un intento de compartir parte de ese material, así como algunos de los artículos que escribió después de regresar a la India.

El editor
Centro M. A.
1 de septiembre de 2014

Capítulo uno

El verdadero guru[1]

Cuando llegué a Amma me sentía muy feliz y en paz, o al menos eso era lo que yo me creía. Sin embargo, después de establecerme en el áshram, empezaron a aparecer muchos pensamientos y sentimientos negativos como la duda, la ira y la envidia. Me daba la sensación de que Amma estaba manipulando las situaciones para sacar lo peor de mí, y a decir verdad, de todos nosotros. Por un lado, era maravilloso estar ante la Divina Presencia de Amma, pero por otro, era extremadamente doloroso sentirse desasosegado casi todo el tiempo. Hubo muchas ocasiones en las que quise dejar el áshram y volver al tranquilo pueblo en el que había estado viviendo antes de ir a Amma. Pero sabía que Amma era un ser divino y, probablemente, la única persona viva que podía mostrarme el camino hacia la meta que yo deseaba. Su poder de atracción era innegable; pero yo había pedido paz, no sufrimiento.

Poco a poco, en los momentos en que estaba más tranquilo, me fui dando cuenta de que, simplemente, estaba saliendo al exterior lo que estaba en mi interior más profundo. Es posible que yo, previamente, hubiera limpiado la superficie de mi mente,

---

[1]   Hay que pronunciar las palabras indias como en castellano, con las siguientes excepciones: La letra sh suena como en inglés (shock). La letra j, también como en inglés (John). La letra h siempre aspirada, como en inglés (house), nunca muda como en español. La letra r siempre suave, como en cara, no como en rosa, aunque vaya a principio de palabra (N. de la t.).

pero Amma quería llegar hasta sus recovecos más oscuros y sacudir los fantasmas que allí se escondían. Hay una regla de oro en la vida espiritual: lo que está dentro tiene que salir fuera antes de que podamos disfrutar de paz y dicha auténticas. El veneno tragado en el pasado, se tiene que vomitar para que podamos curarnos. Amma no puede llenarnos de dicha cuando hay otras cosas sucias en el recipiente de nuestra mente. ¿Cómo podría yo vaciar completamente mi mente? Desde luego no por mí mismo. De alguna manera, las circunstancias deben sacar nuestras negatividades más profundas a la superficie de nuestra mente, para que puedan ser vistas y tratadas a un nivel consciente. Esa es una de las tareas de la Guru: sacar fuera lo que está dentro. Se necesita un cepillo duro para limpiar una botella muy sucia. Amma dice:

> El guru creará obstáculos y pesares para el discípulo. El discípulo debe superarlo todo con una intensa sádhana. La espiritualidad no es para personas perezosas. Las dificultades a nivel sutil son duras comparadas con las penalidades del mundo exterior. Nada tiene que temer la persona que le ofrece todo al sátguru.

Relacionándonos con una verdadera Guru aprendemos qué debemos desechar y qué debemos cultivar, tanto en la mente como en nuestras acciones. El ejemplo de la Guru se convierte en nuestra directriz e inspiración. Pero no debemos pararnos ahí. Debemos darnos cuenta de que cada situación de nuestra vida está siendo manipulada por la Guru para nuestra evolución espiritual. La naturaleza está al servicio de nuestra Guru, que la usa para nuestro desarrollo espiritual. Todo lo que nos sucede es una oportunidad para mejorar espiritualmente, pues esa es la verdadera meta de un nacimiento humano, el conocimiento del Ser. Si se desarrolla esa actitud, se estará a mitad de camino de la Meta. Pero no es fácil, porque estamos excesivamente preocupados por asuntos externos como la comida, el sexo, las relaciones sociales, ganar dinero, etc. Somos como un pez que no puede ver el mar porque está demasiado ocupado en comer y no ser comido.

La historia del Maestro Oculto

Después de muchos años estudiando temas espirituales, un devoto, sintió que había llegado el momento de emprender viaje en busca de una experiencia directa de la Realidad.

—Iré —se dijo a sí mismo— en busca del Maestro Oculto que habita, según se dice, en lo más recóndito de nuestro ser.

Al salir de casa encontró un sadhu que caminaba lentamente por el polvoriento camino, se unió a él y esperó a que hablara.

Finalmente, el sadhu habló:

—¿Quién eres? ¿A dónde vas?

—Soy un buscador, estoy buscando al Maestro Oculto.

—Iré contigo —dijo el sadhu.

—¿Puedes ayudarme a encontrar al Maestro?

—El Maestro Oculto, según se dice, está en el propio ser de cada persona. Cómo encontrarlo depende de cómo la persona use sus experiencias; es algo que puedo trasmitirte solo en parte.

Al cabo llegaron hasta un árbol que crujía y se bamboleaba. El sadhu se paró.

—El árbol está diciendo: «Algo me está haciendo daño. Parad un momento y sacádmelo para que pueda descansar».

—Tengo mucha prisa —replicó el joven— y además, ¿cómo puede hablar un árbol?

Así que siguieron su camino.

Después de unos pocos kilómetros, el sadhu dijo:

—Cuando estábamos cerca del árbol, percibí un fuerte olor a miel, quizá era una colmena de abejas silvestres lo que había en el interior del tronco.

—Si eso es cierto, vayamos corriendo a recoger la miel, así podríamos comerla y vender un poco durante el viaje.

—Como quieras —dijo el sadhu.

Sin embargo cuando llegaron de nuevo al árbol, vieron que otros viajeros estaban recogiendo una enorme cantidad de miel.

—¡Qué suerte hemos tenido! —dijeron— Hay suficiente miel para alimentar a toda una ciudad. Somos pobres peregrinos, pero ahora seremos mercaderes, nuestro futuro está asegurado.

Cuando oyeron eso el sadhu y su recién encontrado amigo siguieron su camino.

Entonces llegaron a la ladera de una montaña y oyeron un zumbido. El sadhu pegó su oído a la tierra. Luego dijo:

—Debajo de nosotros millones de hormigas están construyendo una colonia. Ese zumbido es su forma de pedir ayuda. En el lenguaje de las hormigas quiere decir: «¡Ayudadnos, ayudadnos! Estamos excavando pero hemos tropezado con unas extrañas rocas que nos impiden el paso. Ayudadnos apartándolas, por favor». ¿Debemos parar y ayudarlas o quieres que sigamos adelante rápidamente?

—Hermano, las hormigas y las rocas no son de nuestra incumbencia —dijo el devoto— porque, al menos yo, estoy buscando a mi Maestro.

—Muy bien, hermano —dijo el sadhu—, aunque se dice que todas las cosas están conectadas y eso podría tener alguna conexión con nosotros.

El joven no hizo caso de lo que el viejo estaba murmurando, así que continuaron su camino.

Cuando pararon para hacer noche el joven se dio cuenta de que había perdido su cuchillo.

—Se me debe haber caído cerca del hormiguero —dijo—. Así que a la mañana siguiente volvieron sobre sus pasos.

Al llegar al hormiguero no encontraron ni rastro del cuchillo sino que vieron un grupo de personas, llenas de barro, descansando junto a un montón de monedas de oro.

—Esas monedas son un tesoro escondido que acabamos de desenterrar. Íbamos por el camino cuando un anciano santo, de aspecto frágil, nos llamó y nos dijo: «Cavad en ese punto y encontraréis que lo que para unos son rocas para otros es oro».

El joven maldijo su suerte.

—¡Oh sadhu! Si hubiésemos parado anoche, nos habríamos hecho ricos.

—Qué raro, ese sadhu que va contigo se parece mucho al que vimos anoche —dijeron los del otro grupo.

—Todos los sadhus se parecen mucho —dijo el sadhu.

Los dos hombres continuaron su viaje. Unos días después llegaron a la hermosa ribera de un río. El sadhu se paró. Mientras estaban esperando el ferri, un pez saltó varias veces fuera del agua moviendo la boca como si quisiera hablarles.

—Ese pez —dijo el sadhu— nos está enviando un mensaje. Dice: «Me he tragado una piedra, cogedme y dadme alguna planta para comer, así podré vomitarla y encontraré, por fin, alivio. ¡Oh, viajeros, tened piedad de mí!».

En ese momento llegó el ferri y el joven, impaciente por seguir adelante, empujó al sadhu dentro. El barquero estaba agradecido por las monedas que pudieron darle, así que los dos durmieron bien aquella misma noche en la otra orilla, donde un alma caritativa había construido una casa de té para los viajeros.

Por la mañana, estaban tomando su té cuando llegó el barquero.

—Anoche fue la más afortunada de mi vida —dijo—. Los peregrinos me han traído surte.

Besó las manos del venerable sadhu para recibir su bendición.

—La mereces por completo, hijo mío —dijo el sadhu.

Ahora el barquero era un hombre rico. Esto es lo que había sucedido: Estaba a punto de irse a su casa a la hora habitual, pero como había visto a los dos hombres en la orilla opuesta, decidió hacer un viaje más para recibir bendiciones por ayudar a viajeros pobres. Cuando ya estaba a punto de guardar su barca, vio al pez que se había lanzado a la orilla. Parecía que estaba intentando tragar un trozo de planta. El barquero le metió la planta en la boca, al hacerlo, el pez vomitó una piedra y saltó de nuevo al agua. La piedra era un diamante, enorme y perfecto, de incalculable valor y gran brillo.

—¡Eres un demonio! —le gritó el joven enfurecido al sadhu.

—Por medio de algún poder oculto lo sabías todo sobre esos tres tesoros, y aun así, no me lo dijiste en su momento. ¿Es eso verdadera camaradería? Antes mi suerte ya era bastante mala, pero al menos sin ti no habría conocido las posibilidades ocultas en árboles, hormigas y peces, en todas las cosas.

Tan pronto hubo dicho esas palabras sintió como si un poderoso viento barriera su propia alma, y entonces supo que la verdad era justamente lo contrario de lo que había dicho.

El sadhu le tocó ligeramente el hombro, le sonrió y le dijo:

—Ahora, hermano, sabrás que puedes aprender de la experiencia. Yo soy el que está al mando del Maestro Oculto.

Y desde ese día en adelante, el joven buscador fue conocido por el nombre de «El que ha Entendido».

Capítulo dos

Amor versus conocimiento

Vivimos en la era de la tecnología. Antes la vida era más simple, y aún lo es en algunos lugares. Las personas vivían sencillamente, sin electricidad. Sus cuerpos ya hacían suficiente ejercicio con las tareas diarias. Estaban cerca de la Naturaleza, conocían sus ritmos. Creían en la existencia de Dios y tenían fe en Él. Sus placeres eran sencillos e inocentes y sus mentes tenían características nobles como la humildad, la paciencia y la capacidad de sacrificio.

Luego llegaron la electricidad y la tecnología. Miremos la tendencia actual. Las personas tienen mucho orgullo. Donde hay orgullo, hay ira e impaciencia. Todo el tiempo están inquietas por la llegada de algo nuevo. La televisión, internet y otros entretenimientos ocupan todo su tiempo libre. El egoísmo, la dureza de corazón y la crueldad parecen estar en constante aumento y nadie es capaz de poner freno a la oleada de violencia. Desde la infancia se bombardea a las personas con los falsos ideales de la violencia, la ira, el poder, la posición y el sexo indiscriminado.

La tecnología, en sí misma, no es mala, pero debe usarse no solo en aras de la eficiencia, el confort y el placer, sino también para infundir ideales más elevados. Simplemente observad cómo se siente una persona después de ver una película de las que elevan el espíritu. El efecto puede durar muchas horas e incluso días. Un libro inspirador, que ha llegado hasta nuestras manos gracias al desarrollo de la imprenta, podría cambiar nuestra vida.

Pero en general, la tecnología ha agostado por completo las buenas cualidades en la mayoría de nosotros y nos ha hecho demasiado intelectuales. Dependemos de nuestro intelecto para todo. Necesitamos saber el porqué y el cómo de todo. La fe, o se ha debilitado, o incluso ni existe, a menos que nuestro intelecto quede satisfecho. En un sentido material hemos ganado, pero espiritualmente somos grandes perdedores. La felicidad, para ser duradera y satisfactoria, debe estar en el corazón y no en la cabeza. Es la diferencia entre conocer todos los ingredientes de un sabroso plato y comerlo. Como dice Amma:

> En el mundo de hoy las personas dan más importancia al intelecto que al corazón. Ese cambio no es muy alentador. Solo si desarrollamos un corazón inocente y amplio, podremos alcanzar el Reino de Dios. Eso no quiere decir que el intelecto no tenga su lugar en nuestro desarrollo personal. Necesitamos tanto la cabeza como el corazón. Cada uno juega su propio papel en nuestro desarrollo. Es con la ayuda del intelecto que discernimos entre lo que es incorrecto y lo que es correcto, entre lo real y lo irreal, entre lo eterno y lo efímero. Pero también tiene sus inconvenientes. Es como unas tijeras. La naturaleza de unas tijeras es diseccionar y deshacer. El intelecto no tiene la suficiente amplitud ni compresión como para encerrar y contener todas las cosas. Si solo nos atenemos al intelecto, perderemos el encanto de la vida. El corazón, por otra parte, es como una aguja. Su naturaleza es coser y unir las cosas. Acepta y une incluso las cosas más dispares y distintas. Nos inspira para ver el lado bueno de todas las cosas y para empaparnos de

lo bueno que hay en todo. Ambos, intelecto y corazón, son necesarios para llevar una vida armoniosa y alcanzar nuestra meta eterna, Dios. Después de cortar con las tijeras un trozo de tela en los pedazos apropiados en tamaño y forma, utilizamos la aguja para coserlos, y uniéndolos, creamos una camisa, una blusa o un vestido.

Nuestra primera plegaria debe ser para desarrollar un corazón que se regocije en la felicidad de los demás y comparta sus pesares. Los verdaderos hijos de Dios son aquellos que ven la felicidad y la tristeza de los demás como suya.

Con una mente así de intelectual llegamos a la vida espiritual, llegamos a Amma. Vemos en Amma lo que verdaderamente significa un corazón que ha alcanzado la plenitud y, en comparación, sentimos la aridez del nuestro. Aun así, nuestro intelecto, que por el hábito todo lo analiza y todo lo juzga, intenta medir y entender a Amma en lugar de simplemente deleitarse en su presencia. Incluso podemos perder de vista el motivo por el que estamos con Ella.

Conocer versus amar a Dios

Hubo en los días de antaño un pándit muy versado en todas las escrituras. Éstas no satisfacían las ansias de su mente porque él quería, nada menos, que conocer completamente a Dios. Al no encontrar ayuda en las escrituras se retiró a un lugar solitario, lejos de donde los seres humanos habitan. Allí construyó una ermita y se entregó con devoción al pleno conocimiento de Dios. El eremita, que tenía muy pocos deseos, se entregaba día y noche a la realización del único deseo de su corazón. Los días y los meses pasaron pero no pudo comprender nada acerca de Dios.

Los años iban pasando, pero el perseverante y diligente eremita permanecía tan ignorante como antes. Pasó la juventud y empezaron a aparecer cabellos grises entre sus mechones castaños, y todavía el problema permanecía tan irresoluto como al principio.

Un día estaba caminando por la playa, abatido y meditabundo, pensando en el fracaso de su lucha y considerando si debía o no abandonar el intento. Entonces, fijándose en lo que tenía delante, vio a cierta distancia a un niñito, justo al borde del agua, ocupado con algo. Pensó que podía ser el hijo de algún pescador que, quizá, lo había dejado allí mientras iba a pescar a mar abierto. Pero al no quedar satisfecho con esa explicación, pues se preguntaba por qué el padre habría sacado a un niño tan pequeño de casa y lo habría dejado allí solo, se acercó al niño para preguntarle. El niño, por su parte, no se había dado cuenta de que el hombre se acercaba ya que estaba muy ocupado echando agua del mar sobre la arena con sus manecitas. Ante lo extraño que le parecía lo que estaba viendo, la curiosidad del sabio aumentó en grado sumo y empezó a interrogar al chico sobre quién era, por qué estaba echando agua de esa manera, dónde había ido su padre y otras cosas, pero la criaturita no tenía tiempo para responder a todo eso, tan absorto estaba en su aparentemente infructuosa tarea. Al fin, el niño, como no quería que le siguiesen molestando, contestó al sabio de una vez por todas:

—Señor, no tengo tiempo de hablar con usted. ¿No ve que tengo que sacar toda el agua del mar para secarlo?

—¿Estás loco? —preguntó el sabio— Criaturita, ¿quieres secar por competo el mar ilimitado, algo que toda la humanidad junta nunca podría ni siquiera pensar en lograr?

—¿Por qué, señor —contestó el niño—, es imposible para mí secar el mar infinito y ver lo que se oculta en sus profundidades, si es posible para usted conocer y desentrañar la infinita profundidad de Dios?

Con eso, el niño desapareció del punto en el que estaba y no fue visto más. Pero sus dulces palabras, que habían penetrado en el corazón del pándit, siempre resonaban en sus oídos y le llenaban de una inefable alegría. Desde ese día en adelante, abandonó su vana búsqueda y en lugar de intentar conocer a Dios, empezó a amarle.

Capítulo tres

Desapego

Aquellas personas que hayan leído los libros de Amma, habrán notado que Amma da mucha importancia al desapego. Podemos creer que Amma está diciendo que todo el mundo debe convertirse en brahmacharis (célibes) o sannyasis (monjes). En realidad, no es así. Sin embargo, lo que ella sí quiere es que intentemos permanecer en paz, cualesquiera sean las circunstancias que el destino nos traiga. Para la mayoría de nosotros cualquier pequeña alteración, en casa o en el trabajo, es suficiente para llevarnos, o bien a la preocupación, o bien a la ira. Podemos creer que eso es lo normal, pues a todo el mundo le pasa. Pero Amma dice que, en realidad, no hay necesidad de sentirse agitado o desgraciado cuando las circunstancias cambian, las cosas no marchan como desearíamos o las personas no actúan de acuerdo a cómo nos gustaría que lo hiciesen. Dice que no debemos depender tanto de las cosas externas, ni de las personas, para nuestra felicidad, que en la mente de cada ser vivo hay una fuente excepcional de felicidad, pero ésta no se manifiesta sin más. Es como la mantequilla en la leche, hay que trabajar para conseguir ese tesoro. Pero si se tiene éxito, entonces, nada, ni siquiera la enfermedad o la muerte, nos la pueden arrebatar. Esa permanente calma interior es el verdadero fruto de la espiritualidad.

Un rey insensato se quejaba de que la aspereza del suelo le dañaba los pies. Ordenó entonces que todo el país fuese alfombrado con cuero. El bufón de la corte se rio cuando el rey le contó lo que había ordenado.

—Es una idea completamente loca, su Majestad —gritó—. ¿Para qué todo ese gasto innecesario? Basta con cortar dos almohadillas de cuero para proteger vuestros pies.

El Iluminado sabe que para hacer del mundo un lugar sin sufrimiento hay que cambiar el corazón, no el mundo.

Hubo en la antigua India un príncipe llamado Shri Rama. La historia de su vida se relata en el *Ramáyana* y posee un valor intemporal para cualquier ser humano que se esté esforzando en encontrar felicidad y paz duraderas. Rama era el favorito de los súbditos y de su padre, el rey. El rey decidió nombrarle príncipe regente y heredero del trono. Cuando Rama recibió la noticia, sonrió amablemente. La noche anterior a la ceremonia de investidura, la otra esposa del rey, madrastra de Rama, exigió que el Rey nombrara a su propio hijo sucesor al trono, y también, que exiliara a Rama al bosque durante catorce años. A la mañana siguiente, día de su coronación, con gran temor, Rama fue informado de la decisión. Sonrió amablemente, y feliz, se retiró al bosque diciendo que se sentía afortunado por poder pasar tanto tiempo en la Naturaleza y con los sabios en sus ashrams de los bosques. Ni se sintió rebosante de alegría ante lo agradable ni abatido ante lo desagradable. Poseía una mente ecuánime.

Mirad la vida de Amma. Ella ha tenido que enfrentarse a muchos obstáculos y dificultades. Nunca ha huido, ni siquiera de las circunstancias y responsabilidades más duras. Verdaderamente es la Guru de cada ser humano. Sabe, de primera mano, qué es el sufrimiento. Actualmente Amma no tiene el mismo tipo de problemas. Es muy conocida y respetada en la India. Sin embargo, ahora tiene numerosas responsabilidades: orfanatos, hospitales, escuelas, institutos de informática, universidades, ashrams y templos. También están los cientos de miles de personas devotas que alrededor de todo el mundo, esperan su guía y protección. Y aun así, a pesar de todo, Amma irradia paz en todo momento. Una paz inmutable e inalterable, sea lo que sea que esté sucediendo a su alrededor.

¿Cómo puede Amma hacer todo eso, sin sentirse perturbada? Porque no considera nada como suyo. Considera que todo es de Dios. Eso no significa indiferencia, sino más bien, desapego. Amma hace todo tan perfectamente como es posible, como alguien que custodia lo Divino, pero que percibe inmediatamente que todo es su Voluntad. Nosotros solo podemos ser instrumentos.

Ecuanimidad emocional gracias al desapego

Hubo una vez un mendigo en la antigua ciudad india de Ayodha. Vivía a la orilla del camino, en una choza hecha de sacos de arpillera, y se ganaba la vida yendo de tienda en tienda pidiendo a los tenderos unos pocos céntimos. Llevaba consigo una lata de aceite vegetal vieja y oxidada que había encontrado en un montón de basura. Algunos comerciantes sentían pena por el pobre hombre y habitualmente le daban unos céntimos cuando pasaba por allí. Solían referirse a él como el mendigo de la lata de aceite. A éstos, el mendigo, les daba su bendición y se sentía feliz de recibir lo suficiente para comprar algo de comida. Sin embargo, otros no querían que se les molestase y solían insultarle y perseguirle hasta echarle. En esas ocasiones se sentía desolado y maldecía a aquellos que lo habían apartado. Así que, sometido a esos vaivenes, llevaba una vida miserable.

Un día, cuando estaba haciendo su recorrido, un coche paró. Cuatro hombres de uniforme se bajaron y se acercaron a él. El mendigo, aterrorizado, echó a correr. Para su disgusto los hombres le persiguieron enconadamente hasta darle alcance. Les suplicó que le dejaran marchar pues él no le había hecho daño a nadie, ni tampoco había robado nada. Pero no hicieron caso a sus palabras y le empujaron dentro del coche. No sabía ni quiénes eran, ni lo que querían de él, pero pensaba que al menos estaba de suerte puesto que no le habían dado una paliza, así que se quedó tranquilo.

Rápidamente llegaron ante un palacio y se bajaron del coche. Allí lo llevaron a una habitación, le quitaron la lata oxidada y las ropas harapientas y, tras bañarle en agua perfumada, lo vistieron con las mejores galas. A continuación lo condujeron a un salón de banquetes y lo agasajaron con un delicioso festín, cuyos sabores jamás había probado en toda su vida. Cuando salía del salón recordó su lata de aceite e intentó dirigirse al cuarto de baño donde la había dejado, pero los sirvientes le impidieron el paso. Enfadado, les dijo:

—A ver, ¿por qué me habéis quitado mi única posesión? Os agradezco la excelente comida y los preciosos vestidos que me habéis dado, pero ahora quiero irme. Así que devolvedme mis harapos y mi lata de aceite para que pueda partir en este momento.

—Buen hombre, os espera una sorpresa. Vuestros días de suerte han empezado. Sólo con que esperéis un poco más, entenderéis por qué sois tratados de este modo —respondieron los sirvientes.

Seguidamente le condujeron a la corte real donde todas las personas se pusieron en pie e hicieron una reverencia ante él. El mendigo se quedó sorprendido, pensó que estaba soñando y se dirigió a todos diciendo:

—Señores, no sé por qué os inclináis ante mí, pero me estáis volviendo loco con ese tratamiento.

—Su Majestad, sois el heredero al trono. Ahora, tened la bondad de hacernos el honor de sentaros en el trono —dijo el primer ministro.

—Estáis equivocados, solo soy un mendigo. Estas personas me han traído aquí a la fuerza. No soy vuestro rey, así que por favor, dejadme volver al lugar al que pertenezco —replicó el mendigo.

—Alteza, no conocéis vuestro propio linaje, sois el legítimo heredero al trono. Cuando nuestro rey murió sin dejar descendencia, intentamos buscar al heredero siguiendo el linaje de la familia real. Después de una minuciosa investigación, descubrimos que un pariente lejano del rey, mientras atravesaba un bosque con su esposa y su único hijo, fue asaltado por unos ladrones que le arrebataron la vida a él y a su esposa. Solo al niño se le perdonó la vida y se le abandonó a su suerte. El niño tenía un lunar en su oreja izquierda y una cicatriz en su pie derecho. Dos días después el rey supo del asesinato y ordenó que se llevara a cabo una meticulosa búsqueda del niño, pero fue en vano. Cuando el rey recientemente murió, también nosotros hicimos un exhaustivo esfuerzo por encontrar al heredero, y todas las pistas condujeron hasta vos. En verdad ha sido nuestra buena fortuna la que nos ha devuelto al único miembro superviviente del linaje real. Por tanto, por favor, dignaos aceptar nuestro ofrecimiento y gobernad este país con rectitud —le explicaron los ministros.

Los años pasaron y el rey gobernó el reino felizmente. Un día, mientras paseaba por el palacio, reparó en un armario cerrado en el que no se había fijado antes. Pidió que se le trajera la llave, y a continuación lo abrió. Lo que allí contempló no fue sino su vieja lata de aceite y sus vestidos harapientos. Se apoderó de él una curiosa idea. Cerró el armario y guardó la llave. Al día siguiente sacó la lata y sus ropas andrajosas y las metió en una maleta. Luego hizo que el chófer le trajese el coche y le despidió por el resto del día. Se subió al coche con la maleta y condujo hasta la ciudad en la que solía mendigar. Paró a las afueras y se cambió de ropa. Caminando por las calles con la lata en la mano, el rey convertido en mendigo, hizo su antiguo recorrido. Unas pocas personas reconocieron en él al mendigo de tantos años atrás y le dieron unos pocos céntimos. Otras, lo insultaron y lo echaron. Pero él ni se sentía entusiasmado en el primer caso, ni abatido en el segundo. Sabía que él, en verdad, era el rey del país. Después de un día mendigando, regresó al palacio y reanudó sus deberes como rey.

Ese es el estado de la persona que ha alcanzado la Perfección, que ha conquistado su mente y lleva una existencia ecuánime. Se sabe a sí misma Dicha Infinita y permanece inafectada por los placeres y sufrimientos de la vida empírica. Sus aparentes alegrías y penas son solo olas que pasan superficialmente sobre la calma eterna de su Ser real. Ha utilizado cada circunstancia para establecerse, con más y más firmeza, en ese inquebrantable estado. Esa es la meta que Amma nos presenta. Ella brilla como perfecto ejemplo de lo que enseña.

Capítulo cuatro

Unidad con Dios

Decenas de miles de personas de todas las edades y de toda condición social, vienen a ver a Amma desde todas las partes del mundo. Y aunque cada una de ellas viene con un anhelo, deseo o temor diferente, ella en última instancia les ofrece la misma meta a todas: la conquista de la felicidad duradera. Su presencia y el contacto con ella, nos permiten vislumbrar un tenue atisbo de esa dicha.

Amma satisfará la mayoría de nuestros deseos si cree que a largo plazo es bueno para nosotros, pero en el fondo, lo que quiere, es que estemos por encima de la satisfacción de los deseos, y también que dejemos ir nuestros miedos para alcanzar el gozoso estado de samadhi. De hecho, sabe que cada uno de nosotros, sin importar quienes seamos, puede alcanzar ese sublime plano de la existencia. Ella no disuade a nadie de la persecución de metas mundanas, pero dice que, finalmente, solo samadhi satisfará la sed del alma. Podemos creer que alcanzar semejante estado es imposible para la mayoría. Estamos satisfechos con nuestra condición humana. Un poco de placer y no demasiados problemas es suficiente para nosotros. Pero Amma dice que somos uno con Dios, el Mar de Dicha, aunque no lo sintamos así ahora. Su misión en la vida es despertarnos a esa verdad, no importa cuánto tiempo pueda llevar. Ella ve la Divinidad en nosotros así como un escultor ve una imagen preciosa en un trozo de piedra.

En su canción *Ananda Veethi*, Amma nos habla con claridad de su misión, que le fue encomendada por la Madre Divina:

Un día, hace tiempo, mi alma estaba bailando alegremente en el camino de la dicha. En ese momento todos los enemigos internos, como la atracción y la aversión, huían y se escondían en los más recónditos recovecos de mi mente.

Olvidándome de mí misma, me fundí en un sueño dorado que surgía de mi interior. Nobles aspiraciones se manifestaban en mi mente con claridad.

La Divina Madre del Universo acariciaba mi cabeza con manos radiantes y amables. Yo estaba de pie, respetuosamente, con mi cabeza inclinada reverencialmente y le dije a la Madre Divina que mi vida estaba dedicada a Ella.

Hoy me estremezco de dicha recordando lo que la Madre dijo. ¡Oh, Conciencia Pura, encarnación de la Verdad, haré caso de Tus palabras!

Sonriendo, Ella se transformó en un resplandor divino y se fundió conmigo. Los sucesos de los millones de años pasados surgieron en mi interior.

La Madre me dijo que pidiera a las personas que realizaran el propósito de su nacimiento humano. Mi mente floreció bañada en las muchas tonalidades de luz de la divinidad.

Desde ese día en adelante fui incapaz de percibir cualquier cosa como diferente o separada de mi propio Ser, todas las cosas eran solo Una. Fundida con la Madre Divina, renuncié a toda sensación de placer.

"¡Oh, humano, fúndete con tu Ser!" Esa verdad sublime, dicha por la Madre, yo la proclamo por todo el mundo. Que proporcione refugio y consuelo a aquellos que están abrumados por incontables pesares.

Miles y miles de Yoguis han nacido en la tierra de Bhárat (India) y han vivido esos principios visualizados por los grandes Sabios de la antigüedad. Para eliminar las penas de la humanidad, hay verdades profundas. "Mi querido hijo, deja todos los demás trabajos; ven a Mí, tu eres siempre mío".

Aunque pueda parecer que el consejo de Amma está más allá de nuestras posibilidades, debemos continuar el peregrinaje de la vida con fe en ella, de regreso al gozoso estado de unidad con el Ser Divino. La fe, más que cualquier otra cosa, es el poder que lo hará posible.

La oruga y la mariposa

—Deja que te contrate como enfermera para mis pobres niñas —le dijo una mariposa a una silenciosa oruga, que estaba paseando por la hoja de una col.

—Mira esos pequeños huevos —continuó la mariposa—. No sé cuánto tiempo pasará hasta que nazcan y me siento muy enferma. Si he de morir, ¿quién cuidará de mis pequeñas mariposas cuando me haya ido? ¿Lo harás tú, amable y apacible oruga verde? Por supuesto que ellas no pueden vivir con tu dura comida, debes darles rocío de la mañana y miel de flores, y al principio solo debes dejarles volar por aquí un poco. ¡Pobre de mí! Es una pena que no puedas volar. ¡Ay, Dios mío!, no me explico qué me hizo venir a poner mis huevos en una hoja de col, menudo sitio para que nazcan jóvenes mariposas. Mira, toma este polvo de oro de mis alas como recompensa. ¡Oh!, qué mareada estoy. ¡Oruga!, recuerda lo de la comida….

Y con esas palabras, las alas de la mariposa quedaron flácidas y murió. La oruga verde, que ni siquiera había tenido la oportunidad de decir «sí» o «no» a la petición, quedó allí parada y sola al lado de los huevos de la mariposa.

—¡Bonita enfermera ha ido a elegir la pobre señora, vaya que sí! —exclamó la oruga— ¡Y bonito negocio tengo yo ahora entre manos! ¿Pero cómo se le ocurrió pedirle a una pobre criatura reptadora, como yo, criar a sus delicadas pequeñas? Estoy segura de que serán una molestia cuando sientan las alas en sus espaldas y puedan volar.

Sin embargo, la oruga verde tenía un corazón tierno. La pobre mariposa estaba muerta y allí estaban los huevos, puestos sobre la hoja de col, así que la oruga decidió hacer las cosas lo mejor posible.

—Pero dos cabezas piensan mejor que una sola —se dijo—. Consultaré a algún animal que sea sabio sobre la materia.

Seguidamente pensó y pensó, hasta que al fin dio con la alondra. Le gustó esa idea porque la alondra volaba muy alto, nadie sabía a dónde iba, debía ser muy lista y saber muchas cosas.

Ahora bien, en el vecino maizal vivía una alondra, así que la oruga le envió un mensaje suplicándole que viniera a hablar con ella. Cuando llegó, la oruga le contó todos sus problemas y le preguntó cómo iba ella a alimentar y criar a las mariposillas.

—A lo mejor podrías, la próxima vez que subas a las alturas, consultar y enterarte de algo —dijo la oruga tímidamente.

—Quizás pueda —contestó la alondra.

Y luego se fue cantando hacia lo alto por el brillante cielo azul, hasta que la oruga verde ya no pudo oírla ni verla más.

Entonces la oruga empezó a dar vueltas alrededor de los huevos de mariposa, mientras de vez en cuando, mordisqueaba un poquito la hoja de col.

Por fin la voz de la alondra empezó a oírse de nuevo. La oruga casi saltaba de alegría. No pasó mucho tiempo cuando vio a su amiga descender hasta la cama hecha con la col.

—¡Noticias, noticias, amiga oruga! —cantó la alondra— Pero probablemente no me vas a creer. Primero de todo te diré qué deben comer esas criaturitas. ¿Qué crees que es? ¡Adivina!

—Me temo que rocío y miel de flores —suspiró la oruga.

—Nada de eso, amiga —gritó la alondra—. Tienes que alimentarlas con hojas de col.

—¡Jamás! —respondió indignada la oruga— Lo último que su madre me pidió fue que las alimentara de rocío y miel.

—Su madre no sabía nada sobre el asunto —replicó la alondra–. Pero, ¿por qué me preguntas si luego no crees lo que te digo? No tienes fe ni confianza. ¿En qué crees que se van a convertir esos huevecillos?

—Seguro que en mariposas —respondió la oruga.

—¡Orugas! —cantó la alondra— Y lo descubrirás a su debido tiempo.

Y la alondra se fue volando.

—Pensaba que la alondra era sabia y buena —se dijo la oruga empezando otra vez a dar vueltas alrededor de los huevos—. Pero he descubierto que, al revés, es estúpida e insolente. Quizá esta vez voló demasiado alto.

Descendiendo una vez más, la alondra dijo:

—Te diré algo más, tú misma serás algún día una mariposa.

—¡Pájaro mezquino!—exclamó la oruga—Te estás riendo de mí, ahora estás siendo cruel además de estúpida. ¡Vete! Nunca más te pediré consejo.

—¡Te dije que no me creerías! —gritó la alondra.

—Creo cualquier cosa que sea razonable creer, pero que me digan que los huevos de mariposa son orugas y que las orugas empiezan reptando y luego les salen alas y se transforman en mariposas… ¡Alondra! Tú misma no te crees semejante tontería. Sabes que es imposible. Mira mi cuerpo verde y largo, mis múltiples piernas y luego cuéntame eso de tener alas. ¡Estás loca!

—¡Oh!, oruga —replicó indignada la alondra—, yo recibo con confianza lo que viene de lo alto.

—¿A qué te refieres con eso? —preguntó la oruga.

—A la fe —contestó la alondra.

—¿Cómo voy a descubrir la fe? —inquirió la oruga.

En ese momento sintió algo a su lado. Miró alrededor y vio que ocho o diez oruguitas verdes estaban moviéndose por allí y ya habían hecho un agujero en la hoja de col. ¡Habían salido de los huevos de la mariposa! Vergüenza y asombro llenaron el corazón de la oruga verde, pero pronto les siguió la alegría. Pues si la primera maravilla era posible, la segunda podía serlo también.

Había aprendido la lección de la alondra sobre la fe, y cuando iba a meterse en su crisálida, dijo:

—¡Algún día, seré una mariposa!

Sin embargo sus parientes pensaron que se estaba volviendo loca y exclamaron:

—¡Pobrecilla!

La Bhágavad Guita, dice:

La fe de cada ser humano es conforme a su naturaleza, oh Bhárata. El ser humano está hecho de su fe; con arreglo a su fe, así es él.

Cap.17, v.3

Obtiene sabiduría aquel que está lleno de fe, se entrega a ella con devoción y ha dominado los sentidos. Habiendo conseguido sabiduría, en poco tiempo, logra la Paz Suprema.

Cap. 4, v. 39

Cuando nuestros esfuerzos y la gracia de Amma den su fruto, ¿qué experiencia tendremos? Escuchad las palabras de un *mahatma* que conoció la Verdad de su ser:

No soy ni un ser humano ni un dios, tampoco un brahmachari, un seglar, ni un sannyasi; soy solo pura Conciencia.

Así como el sol produce todos los movimientos del mundo, así Yo, la siempre presente conciencia del Ser, soy causa de que la mente esté activa y los sentidos funcionen.

Solo aquellos ojos que son ayudados por el Sol tienen capacidad para ver objetos, no los demás. La Fuente de la que el Sol extrae su poder es mi Ser.

Así como el reflejo del Sol en aguas agitadas parece romperse, pero permanece perfecto en una superficie calmada, así también soy Yo, el Ser consciente, irreconocible en intelectos agitados aunque perfectamente brillante en aquellos que están en calma.

Así como un cristal transparente toma el color de lo que hay detrás, pero de ninguna manera cambia por ello, y así como la inmutable luna, al reflejarse en superficies onduladas, parece agitarse, así sucede conmigo, la Suprema Realidad omnipresente.

Hastamalaka Stotra

Así es la experiencia del conocimiento del Ser.

Capítulo cinco

Inocencia infantil en la relación con la Guru

Amma insiste mucho en la importancia de una inocente ingenuidad en la vida espiritual. También Cristo dijo algo muy parecido:

> Si no os transformáis en niños, de ninguna manera entraréis en el Reino de los Cielos. Aquel que se humilla como un niño, es el más grande en el Reino de los Cielos. Dejad que los niños se acerquen a Mí, no se lo impidáis, pues el Reino de los Cielos es de los que son como ellos.

El Reino de los Cielos no es un lugar sobre las nubes, es el estado de la conciencia de Dios. También puede ser un plano real de la existencia en el que las almas iluminadas habitan.

Intentad recordar cuando erais niños y niñas: ¿Cuál es la principal diferencia entre entonces y ahora? Los niños creen con inocencia cualquier cosa y no tienen preocupaciones; viven en el presente; sus sentimientos negativos duran solo un momento; están llenos de vida y ven todo a su alrededor lleno de vida; sus ideas sobre Dios, cuando menos, poseen frescura y son inocentes.

La percepción de Dios de un niño de seis años:

Uno de los principales trabajos de Dios es hacer personas. Hace unas para ponerlas en el lugar de las que se mueren y que así haya suficientes para ocuparse de las cosas en la tierra. No hace personas mayores, solo hace bebés. Creo que es porque son más pequeños y más fáciles de hacer. Así no tiene que su usar su tiempo, que es muy valioso, enseñándoles a andar y hablar. Puede, simplemente, dejar eso para los papás y las mamás. Yo creo que funciona bastante bien.

El segundo trabajo más importante que Dios hace es escuchar oraciones. Hay un montón porque algunas personas, como los sacerdotes y así, rezan otras veces además de la hora de irse a la cama; el abuelo y la abuela rezan cada vez que comen, excepto cuando pican. Por eso, Dios no tiene tiempo de escuchar la radio o de ver la tele. Como Dios lo escucha todo, debe haber un montón de ruido en sus oídos, a menos que haya pensado en una forma de bajar el volumen.

Dios lo ve y lo escucha todo y está en todas partes, lo que le mantiene bastante ocupado. Así que no debes desperdiciar su tiempo pidiéndole cosas que no son importantes, o pasar por encima de los padres y pedirle algo que ellos han dicho que no puedes tener. De cualquier manera, no funcionará.

The Joyful Newsletter

Cuando llegamos a una maestra que, como Amma, conoce el Ser, ella se esforzará en sacar nuestro lado inocente. ¿Cómo se vuelve una persona inocente? No es que no lo seamos. La inocencia está ahí, pero oculta bajo la fachada de la ira, el orgullo, la lujuria, la ambición y otros rasgos de «los adultos». Esos rasgos tienen que ser eliminados para que la inocencia pueda brillar. El sol siempre está ahí, incluso en los días más nubosos. La inocencia es nuestra verdadera naturaleza. Realmente somos hijos e hijas de Dios, pero sin advertirlo, nos hemos convertido en hijos del «hombre». La vida de Amma está dedicada a despertarnos a nuestra verdadera naturaleza. De hecho, simplemente pasando tiempo con ella, crecemos en inocencia. Su presencia es como el sol que seca la humedad, seca nuestras negatividades para que aparezca nuestro «niño interior». Experimentamos alivio y un sentimiento de frescura cuando estamos con ella.

Amma sabe que estar con ella es solo el principio de la recuperación de nuestra inocencia. Cuando estemos físicamente con ella trabajará en nosotros personalmente, e incluso cuando estemos lejos. Nuestra vida se transformará de tal manera que nuestras mentes se purificarán de esas características que la ocultan. Hemos tragado el veneno de la negatividad; debe ser vomitado para que la pureza brille. Si queremos que alguien vomite, le haremos beber un montón de agua con sal o introduciremos un dedo en su garganta. De modo similar, Amma nos pondrá en nuestra vida ante situaciones que sacarán lo peor de nosotros mismos para que, después, lo mejor pueda brillar. Tras nuestro encuentro con ella, podemos sentir que nuestra ira, lujuria, orgullo o mala suerte han aumentado enormemente. Pensábamos que al estar con Amma conseguiríamos más y más dicha a medida que los días pasaran, pero ¿qué ha sucedido? Cuando vomitamos algo que nos está poniendo enfermos, al principio nos sentimos muy mal, después, nos recuperaremos. La etapa de sufrimiento que atravesaremos por la gracia de Amma pasará algún día y dará paso a la dicha.

He aquí un principio espiritual: Primero sufrimiento, luego dicha. Igual que una madre sostiene la mano de su hijo mientras aprende a andar, Amma mantendrá su omnipresente Ojo de Sabiduría en sus hijos e hijas mientras ellos se esfuerzan por caminar por la senda del conocimiento espiritual. Ella hará lo que debe hacer con nosotros; pero nuestra fe no debe flaquear.

Amma nos lleva a un estado cuyo territorio no ha sido explorado. Nadie puede decir con exactitud cuál ha sido el camino de un pájaro en el cielo o de un pez en el mar. Así es la auténtica espiritualidad. El camino es sutil y diferente para cada persona. No está en los libros y no puede ser aprendido sino a través de la gracia de un mahatma. En esencia consiste en entregar el ego, el falso sentido de la individualidad, a la voluntad de Dios y de la Guru. Eso nos llevará a la meta que la Maestra nos propone.

Desde luego ese proceso puede parecer contrario a la intuición debido a nuestra educación moderna. La cultura de hoy nos enseña a fortalecer la personalidad más y más. Hay que preguntarse si ese es, verdaderamente, el camino para alcanzar la paz y llegar a ser feliz, pues sin paz no puede haber felicidad.

Una forma de concebir ese proceso es considerarse a sí mismo como una ola en el mar. El mar es Dios y la ola es una manifestación del mar. Nunca está separada de él, pero parece tener existencia individual. Las profundidades del mar están en calma, pero la ola está en un estado de movimiento constante y agitación. Si la ola pudiera sin más, hundirse bajo la superficie, experimentaría su unidad con el mar inmenso y llegaría a ser una con él.

Una prueba del guru

Bhai Gurudas fue el tío y devoto discípulo de Sikh Guru Arjan. En una ocasión compuso estos pareados y se los leyó al guru:

Si una madre es impía, no es asunto de su hijo castigarla.

Si una vaca se traga un diamante, su estómago no debe ser abierto.

Si un esposo es infiel, la esposa nunca debe imitarle o perder su castidad.

Si una dama de casta alta bebe vino, la gente no debe tenerlo en cuenta.

Si el Guru pone a prueba a su discípulo, la fe del discípulo no debe vacilar.

El guru Arjan escuchaba atentamente mientras Gurudas leía. Cuando acabó, el guru pensó: «Todas esas cosas son más fáciles de decir que de hacer. Pongamos a prueba su fe», y dirigiéndose a Gurudas, le dijo:

—Tío, tengo que comprar caballos en Kabul, ¿podrías hacerlo tú por mí?

—¿Por qué no? Claro que sí —respondió Gurudas.

Así que el guru llenó unas cuantas bolsas con soberanos de oro. Gurudas los contó, después selló las bolsas y las metió en unas cajas de madera bien sólidas. Las cargaron sobre los lomos de unas mulas y él, junto con unos cuantos discípulos, emprendieron el largo y duro viaje a Kabul desde Lahore, donde el guru residía. A su debido tiempo, después de atravesar el desfiladero Khyber, llegaron a Kabul, situada entre las montañas del Hindú Kush.

En el enorme mercado de caballos de esa antigua ciudad, Gurudas regateó con los mercaderes y, finalmente, compró los mejores caballos que pudo encontrar. Los otros discípulos los cogieron para llevarlos, lentamente, hasta Lahore. Mientras tanto, Gurudas pidió a los tratantes de caballos que fueran a su tienda para pagarles. Dejándoles fuera, entró a la tienda para tomar el oro. Abrió unas pocas cajas y sacó las bolsas que necesitaba, pero sintió que algo iba mal. Abrió todas las bolsas y, con horror, comprobó que cada una de ellas estaba llena de guijarros en lugar de oro. En ese momento se sintió fuera de sí por el miedo, ya que conocía la naturaleza violenta de los tratantes de caballos. «Ahí, fuera de la tienda, están esperándome para que les pague y si no lo hago me cortarán en pedazos», pensó. Puso su cerebro a trabajar y, finalmente, decidió que la única forma posible de escapar era cortar la parte de atrás de la tienda y salir por el agujero. Ni siquiera rezó a su guru pidiéndole ayuda, tan lleno de terror como estaba. Metiéndose por el agujero, escapó y corrió a toda velocidad. Avergonzado de presentarse ante su guru, atravesó Lahore y siguió camino hacia Kashi, cientos de kilómetros hacia el este.

Mientras, los otros miembros del grupo entraron en la tienda para averiguar por qué se estaba retrasando en el pago a los tratantes de caballos. Allí, encontraron todas las cajas abiertas y llenas de oro, pero no había señal alguna de Gurudas. También vieron el agujero en la parte trasera de la tienda. Entonces pagaron a los comerciantes y se pusieron en camino para regresar a Lahore, donde le contaron al guru Arjan todo lo que había sucedido.

Cuando Gurudas se hubo instalado en Kashi, empezó a exponer en lugares públicos las grandes verdades contenidas en las escrituras, y pronto atrajo a una gran multitud. Al final, incluso el gobernador de Kashi vino a escuchar y a admirar sus hermosos discursos.

Después de unos pocos meses, el guru Arjan envió una carta al gobernador de Kashi en la que escribió: «En Kashi hay un ladrón que me ha robado y le escribo para pedirle amablemente que le haga prisionero, ate sus manos y me lo envíe. No tendrá que buscar mucho para encontrarle. Simplemente leyendo esta carta en lugares de reunión pública y donde se den discursos religiosos, lo encontrará, porque ese ladrón se denunciará a sí mismo tras escuchar la lectura de la carta».

A su debido tiempo, la carta fue leída donde Gurudas estaba dando un discurso ante una gran multitud de personas. Sin embargo, en el momento en el que oyó el contenido de la carta, se puso en pie y dijo:

—Yo soy el ladrón del guru.

Quienes le estaban escuchando quedaron atónitos.

—Tú nunca podrías ser un ladrón porque tú eres un hombre santo. El ladrón debe ser otra persona —dijeron.

—No, soy yo quien es el ladrón. No hay ninguna duda sobre ello. Por favor, atad mis manos para que no pueda escapar —insistió Gurudas.

Nadie se ofreció a hacerlo porque era inimaginable atar a un hombre santo como a un vulgar salteador. Así que Gurudas soltó su turbante, lo cortó en dos y ató sus propias manos con él. Después, así atado, hizo su camino felizmente hasta Lahore.

Cuando al fin llegó y se presentó ante el guru, éste le dijo:

—Hermano, por favor, repite aquellos pareados que me leíste justo antes de que te pidiera que fueras a Kabul.

Pero Gurudas, que había sido puesto a prueba y a quien se le había hecho pasar por amargas experiencias para probar su amor y su fe, cayó a los pies del guru y exclamó:

Si una madre da veneno a su hijo, ¿quién será el que lo salve?.
Si el vigilante asalta la casa, ¿quién puede protegerla?.
Si el guía desorienta al viajero, ¿quién puede ponerle en el camino correcto?.

Si la valla empieza a comerse la cosecha, ¿quién puede salvarla?

No obstante, si el guru pone a prueba a los discípulos, ¿quién puede ayudarles a permanecer firmes?.

Solo la *Satguru*, a través de su poder espiritual y su gracia, puede mantener al discípulo firme y lleno de devoción en circunstancias difíciles.

Capítulo seis

Bondad versus egoísmo

Amma dice: «Hijos, si estáis deseosos de lograr la Liberación, abandonad el egoísmo, intentad escuchar las penas de los afligidos».

La mayoría de nosotros no sabe qué significa la palabra «Liberación» en el sentido en el que Amma la está usando. En el sentido habitual significa libertad, liberación de la prisión, de la esclavitud o de la opresión. Amma también le da ese significado, pero en el más amplio sentido de la palabra, significa ser libre de todas las limitaciones de la existencia individual. Puede que nuestras manos y nuestros pies no estén encadenados, puede que no estemos encerrados en prisión o en una habitación, pero nuestras mentes se ven forzadas a reaccionar con atracción, repulsión o miedo y, por consecuencia, con placer, dolor o ansiedad, de acuerdo a las circunstancias. La mayoría de nosotros tiene muy poca paz mental y, la poca que tenemos, al instante siguiente puede quedar destruida. Nuestra mente es inquieta como un mono y hay que mantenerla ocupada en cada momento. De otro modo, nos aburrimos o nos dormimos.

Suponed que hemos invertido un montón de dinero en la bolsa. El índice Dow está subiendo y subiendo y nos estamos sintiendo más y más felices. Nos sentimos en el séptimo cielo. A continuación la Reserva Federal difunde cierta información negativa y el mercado se derrumba, o quizá, el precio de las acciones de nuestra compañía cae estrepitosamente, o nuestros competidores nos superan. Es posible que nuestro jefe nos empiece a agobiar. Antes de haber podido remediar la situación, hemos perdido parte de nuestra fortuna y nuestra paz mental. Podemos llegar a desesperarnos y a estar constantemente preocupados. Eso está sucediendo a nuestro alrededor todo el tiempo, aunque nos creemos que no nos sucederá a nosotros.

Hace muchos años conocí a un devoto que lo perdió todo en el estallido de la burbuja tecnológica. A pesar de ello, mientras otros se suicidaron, esa persona fue capaz de mantener una mente ecuánime gracias a su sádhana y a los años de relación con Amma. Fue un verdadero ejemplo de los beneficios prácticos de seguir las enseñanzas de Amma sobre la entrega y el desapego. Resulta extraño que la gente normal y corriente no aprenda esa gran técnica de sus padres o en la escuela. Esa tiene que ser una de las razones por las que Amma dice que hay dos tipo de educación: una para ganarse la vida y otra para saber cómo vivir.

A muchos de nosotros incluso las circunstancias triviales pueden alterarnos. Todos hemos oído hablar de arrebatos de ira mientras se conduce, o puede que nuestra esposa o esposo, nuestra hija o un amigo, nos hayan hecho esperar y nos hayamos sentido rabiosos por ello. Puede que hayamos gritado a aquellos que nos han hecho sufrir, aunque solo haya sido un poco. La vida termina siendo un infierno para todos, para nosotros y para quienes nos conocen.

Una historia sobre el secreto del cielo y del infierno

Un viejo monje japonés se sentó a la orilla del camino en profunda meditación con los ojos cerrados, las piernas cruzadas y las manos unidas sobre el regazo. De repente, su meditación fue interrumpida por la voz, dura y exigente, de un guerrero samurái:

—¡Viejo!, enséñame sobre el cielo y el infierno.

Al principio, no hubo ninguna respuesta perceptible por parte del monje, como si no hubiese oído. Pero lentamente empezó a abrir sus ojos, un ligerísimo esbozo de sonrisa jugueteaba en las comisuras de sus labios. Mientras, el samurái estaba allí plantado, esperando con impaciencia, alterándose más y más cada segundo que pasaba.

—¿Deseas conocer los secretos del cielo y del infierno? —respondió el monje al fin—. Tú, que estás tan desaseado; tú, cuyas manos y pies están cubiertos de mugre; tú, cuyo pelo está despeinado, cuyo aliento es repugnante, cuya espada está completamente oxidada y descuidada; tú que eres feo y cuya madre te viste ridículamente. Tú, ¿me preguntas sobre el cielo y el infierno?

El samurái echó una maldición. Sacó la espada y la levantó por encima de su cabeza. La cara enrojeció, se le hincharon las venas del cuello mientras se preparaba para arrancarle la cabeza de los hombros al monje

—Eso es el infierno —dijo el viejo monje amablemente, justo cuando la espada empezaba su descenso.

En esa fracción de segundo el samurái se sintió abrumado por la sorpresa, el sobrecogimiento, la compasión y el amor por ese bondadoso ser que se había atrevido a arriesgar su propia vida para proporcionarle esa gran enseñanza. Detuvo la espada a la mitad del recorrido y los ojos se le llenaron de lágrimas de agradecimiento.

—Y eso —dijo el monje— es el cielo.

Debido a Maya, el Divino Poder Universal de la Ilusión, nuestra mente observa el exterior a través de los sentidos y nos hace creer que la felicidad está ahí fuera. Siempre estamos intentando calmar nuestra agitación interior y satisfacer nuestras ansias de paz y felicidad modificando nuestras circunstancias para obtener la máxima cantidad de placer, y luego, intentamos aferrarnos a él. A menos que seamos de la clase excepcional de personas altruistas, nos volvemos egoístas intentando preservar nuestra felicidad, incluso a costa de la felicidad de otras personas. Esa es una clase muy frágil de felicidad que puede derrumbarse en cualquier momento, evaporándose con un cambio de suerte.

Parece que tenemos una cierta cantidad de libertad, pero muchas veces, a pesar de nuestros esfuerzos, la mayor parte de las cosas no marchan según nuestros deseos. Por último, a medida que nos hacemos viejos, o incluso antes, nuestra salud se deteriora y morimos. Cuando ese momento llega, ningún médico puede ayudarnos. Nuestros cuerpos y nuestras mentes están sometidos a las leyes de la Naturaleza. No es un escenario muy agradable. La vida está llena de limitaciones que terminan en la muerte.

Cuando Amma habla de alcanzar la Liberación, está pensando en escapar de la necesidad de todas las vidas que puede que tengamos que experimentar si no purificamos nuestras mentes. La energía producida en la constante búsqueda de la felicidad nos empuja hacia muchos nacimientos hasta que, desilusionados por todo, volvemos nuestra mente hacia el interior para encontrar nuestro Verdadero Ser, la fuente de la felicidad, y permanecemos allí para siempre. Eso es la Liberación, liberación del aparentemente interminable ciclo de nacimiento, muerte y renacimiento: samsara. Esa es la meta sublime de este peregrinaje de la vida en el que todo ser vivo está inmerso.

Experimentar nuestro Ser no solo nos exige la realización de varias prácticas espirituales como el mantra japa, la meditación, el canto devocional y el estudio de las escrituras, sino también, desarrollar la bondad, la paciencia y la compasión, en otras palabras, el altruismo. El ego, o personalidad individual, con quien estamos erróneamente identificados, poco a poco, se irá purificando y expandiendo para revelar nuestra Verdadera Naturaleza.

Creemos que siendo egoístas seremos felices, pero lo único que conseguimos, una y otra vez, es el resultado opuesto. Ese es el juego de Maya. Esa actitud egoísta cierra el loto del corazón. Todo el mundo tiene un corazón, no el órgano que bombea la sangre, sino el lugar del cuerpo donde sentimos la felicidad y el sufrimiento. Cuando está cerrado y oscuro, no sentimos felicidad ni paz. Cuando se abre un poco, una pizca de luz entra sigilosamente y nos sentimos felices y en paz. Cuanto más se abre, más dichosa y tranquila se vuelve nuestra vida. Un loto del corazón completamente abierto es lo mismo que el conocimiento del Ser. Los pensamientos negativos y conductas como la ira, la impaciencia, el egoísmo, la venganza, etc., lo cierran más y más. Los pensamientos positivos como la ternura, la paciencia, la generosidad, la abnegación, el perdón y el compartir, lo abren. El gran sabio Patáñjali, nos aconseja acerca de cómo modificar nuestras actitudes de forma que nuestro corazón permanezca abierto:

> Cultivando sentimientos de amistad hacia quienes son felices, de compasión hacia los que sufren, regocijo por los virtuosos e indiferencia hacia los malvados, la mente conserva su calma imperturbable.
>
> Yoga Sutras de Patánjali, Cap.1, v.33

Podemos abrirlo realizando buenas acciones, diciendo palabras bondadosas y teniendo buenos pensamientos. No debemos, ni a sabiendas ni sin darnos cuenta, cerrarlo y sufrir. Usad el «ábrete sésamo» de la bondad. Es muy simple, no es una filosofía difícil de seguir. Los mahatmas se sienten más complacidos cuando realizamos buenas acciones, renunciando al egoísmo, que cuando les llevamos flores, ropas o frutas, o cantamos *bhajans* (cantos devocionales) y meditamos.

Una historia sobre la bondad

La Biblia no nos cuenta cuántos sabios, o magos, viajaron hasta Belén siguiendo la estrella para el nacimiento de Jesús. La tradición popular sostiene que eran tres: Gaspar, Melchor y Baltasar. Pero hay otra tradición según la cual hubo un cuarto sabio llamado Artabán. Cuando Artabán se preparaba para emprender viaje siguiendo la estrella cogió un zafiro, un rubí y una perla de gran valor, para llevarlos como regalos al recién nacido rey, allá donde pudiera encontrarlo.

Durante el viaje para unirse a los otros sabios, Artabán paró a cuidar de un viajero enfermo. Decidió quedarse, a pesar de que si se quedaba más tiempo a ayudarle no podría encontrarse con sus amigos. El retraso fue suficiente para hacerle llegar tarde a la partida de la caravana. Ahora Artabán estaba solo y necesitaba transporte y suministros para cruzar el desierto. Así que vendió el zafiro para comprar camellos y las cosas necesarias, pero quedó entristecido porque el rey nunca tendría su preciosa gema.

Artabán siguió adelante en su viaje hasta llegar a Belén, pero otra vez, llegó demasiado tarde. Había soldados por todas partes ejecutando la orden de Herodes según la cual todos los niños varones debían ser asesinados. Así que Artabán cogió el brillante rubí para sobornar al capitán y salvar a los niños del pueblo en el que estaba alojándose. Los niños fueron salvados y las madres se regocijaban, pero tampoco el rubí llegaría al rey.

Durante treinta y tres años Artabán buscó en vano y, al fin, encontró el camino hasta Jerusalén el día en el que varias crucifixiones iban a tener lugar. Se dio prisa en dirigirse al Calvario para sobornar a la guardia romana con la preciosa perla y salvar al hombre llamado Jesús. Algo le decía que ese era el Rey de reyes a quien había estado buscando toda su vida.

Justo entonces, una joven que estaba siendo arrastrada por la calle hacia el mercado de esclavos, llamó a gritos a Artabán, suplicando ayuda. Con solo una ligerísima vacilación dio la última joya por su rescate, la perla de gran valor. Ahora, Artabán no tenía ninguna de las preciosas gemas que había llevado como presentes para el rey.

Cuando llegó al lugar donde las crucifixiones iban a realizarse, se sintió desolado al ver que no podía hacer nada para ayudar a Jesús. Pero entonces, algo extraordinario sucedió. Jesús miró a Artabán y le dijo:

—No estés afligido, Artabán. Has estado ayudándome durante toda tu vida. Cuando estaba hambriento, me diste comida; cuando estaba sediento, me diste de beber; cuando estaba desnudo, me vestiste; cuando fui un extranjero, me cobijaste.

Algunas personas dicen que Artabán nunca encontró a Cristo, otras dicen que fue el más sabio entre los sabios. Estoy segura de que Amma estaría de acuerdo con eso último.

Abrir el loto del corazón es la cosa más difícil y gratificante que podemos hacer. Ataca a la raíz del ego, al egoísmo. Eso es *tapas*, eso es *sádhana*. Escuchar pacientemente a los que están sufriendo sin sentirnos inquietos o aburridos, olvidar nuestro pequeño yo por el bien de otros, para consolarles, es el elevado camino de la existencia desinteresada que Amma nos muestra cada momento del día y de la noche. ¿Podemos seguir su ejemplo aunque solo sea un poco? Ciertamente, podemos intentarlo.

Capítulo siete

La paz es nuestra verdadera naturaleza

Todas las personas queremos paz mental. No importa cuánto goce sensorial podamos tener, al final, nos cansamos y queremos solo paz. Una persona rica puede tener todos los placeres imaginables, pero finalmente ni siquiera su queridísimo esposo o esposa, novio o novia, podrán mantenerla despierta cuando, cansada, quiera disfrutar del arrobo del sueño. ¿Qué tiene el sueño que lo hace más querido que, incluso, el goce sensorial? Paz, la ausencia de sujeto y objeto, la maravillosa unidad.

Si persistimos en nuestros esfuerzos con la sádhana y no desperdiciamos nuestras energías en demasiados placeres sensoriales ni en pensar, entonces la mente, poco a poco, irá aquietándose en el estado de meditación. Estará sosegada incluso cuando no se esté meditando. Esa calma es el verdadero principio de la vida espiritual.

Todos los esfuerzos espirituales se hacen con el único objetivo de concentrar la mente inquieta. La paz es nuestra verdadera naturaleza; no lo son las diferentes características de la mente como olvidar, recordar, desear, odiar, atraer y rechazar. Ni siquiera los poderes espirituales, como conocer el pasado y el futuro, son nuestra verdadera naturaleza. Conocer que la verdadera naturaleza de uno mismo es la paz perfecta, y permanecer en ella, es la Liberación. Esa es la más alta dicha y satisfacción personal.

Hasta que se alcance ese estado de incesante tranquilidad, Amma dice:

Haced que la mente pase hambre. Dejad de alimentarla con pensamientos. Continuamente alimentamos a la mente con la comida de los deseos y los pensamientos. Eso se ha convertido en un hábito y ahora la mente cree que esa es la mejor comida. Ese hábito debe ser detenido. La mente debe saber que esa comida nos producirá "dolor de estómago", si no ahora, más tarde. La mente debe aprender que la comida de los pensamientos y los deseos es dañina y que hay comida muchísimo más sabrosa y sana que esa. Las diferentes prácticas espirituales constituyen el más delicioso y sano de los alimentos. Una vez que hayáis experimentado eso, debéis alimentar la mente con regularidad con el Nombre Divino, con *japa* (repetición de un mantra), con *dhyana* (meditación) y con otras prácticas espirituales. Lentamente el apetito por tener más y más de ese alimento espiritual crecerá hasta que, por fin, se convertirá en un hambre terrible.

Hijos, no olvidéis recitar vuestro mantra. El periodo de sádhana es como escalar una alta montaña. Necesitáis mucha fortaleza y energía. Los escaladores usan cuerdas para subir. Para vosotros, la única cuerda es japa. Por lo tanto, hijos, intentad repetir vuestro mantra constantemente. Una vez que hayáis alcanzado la cima del Conocimiento de Dios, podréis relajaros y descansar por siempre.

Hay muchas formas de alcanzar esa meta sublime. Amma dice:

Cada persona está hecha de un modo diferente. Todos somos únicos. Aunque hablemos de diferentes medios para alcanzar la paz mental, como son japa, la oración y la meditación, hay muchos más. Para algunas personas, viene a través del arte o de la música, de la danza o del teatro.

Una canción del corazón, una ofrenda a Dios

Tres niños, Salvador, Julio y Antonio eran vecinos; vivían y jugaban en Cremona (Italia), en torno a mediados del 1600.

Salvador tenía una preciosa voz de tenor y Julio le acompañaba tocando el violín mientras recorrían la plaza de la ciudad. Antonio también amaba la música, y le habría gustado cantar con ellos, pero su voz chirriaba como la bisagra de una puerta destartalada. Todos los niños se burlaban de él cuando intentaba cantar. Pero aun así, Antonio no carecía de talento. Su posesión más valiosa era una navaja que su abuelo le había dado. Siempre estaba tallando algún trozo de madera con ella. Y de hecho, Antonio, tallando con su navaja hacía cosas muy hermosas.

Por primavera, a medida que se iba acercando el momento de la fiesta anual, las casas y las calles, poco a poco, se iban adornando con preciosas guirnaldas. Las gentes llenaban las calles, vestidas con sus ropas más elegantes. Uno de los días del festival, Salvador y Julio planearon ir a la catedral, en cuya plaza, atestada de gente, tocarían y cantarían.

—¿Te gustaría venir con nosotros? —le preguntaron a Antonio, que estaba sentado en las escaleras de su casa tallando un trozo de madera.

—No importa que no sepas cantar. Nos gustaría que vinieras con nosotros de todas formas.

—Claro que me gustaría ir con vosotros —respondió Antonio—. La fiesta es muy divertida.

Los tres chicos se marcharon hacia la catedral. Mientras caminaban juntos, Antonio seguía pensando en el comentario que habían hecho acerca de que él no podía cantar. Eso le hacía llorar en su corazón porque amaba la música tanto como ellos, aunque su voz chirriase un poco.

Cuando llegaron a la plaza Julio empezó a tocar el violín mientras Salvador cantaba con su voz melodiosa. La gente se paraba para escuchar y muchos de ellos dejaban una o dos monedas a esos chicos tan pobremente vestidos. Un anciano se apartó de la multitud, los felicitó y puso una moneda brillante en la mano de Salvador. Rápidamente se perdió entre la muchedumbre que deambulaba por allí.

Salvador abrió la mano y se quedó sin respiración:

—¡Mirad, es una moneda de oro!

La apretó entre sus dientes para estar seguro. Los tres chicos estaban entusiasmados y se pasaban la moneda del uno al otro, examinándola. Los tres estuvieron de acuerdo en que era una auténtica pieza de oro.

—Aunque él bien que se la puede permitir —dijo Julio—. Ya sabéis, es el gran Amati.

—¿Y quién es Amati? —preguntó Antonio avergonzado— ¿Y por qué es tan grande?

Los dos chicos se reían mientras le decían:

—¿Nunca has oído hablar de Amati?

—Por supuesto que no —dijo Julio—. Él no sabe nada sobre los que hacen música. Tiene una voz chillona y es solo un tallador de madera —y siguió—. Para tu información, Antonio, resulta que Amati es un gran fabricante de violines, probablemente el mejor de toda Italia e incluso del mundo entero, y vive aquí, en nuestra ciudad.

Mientras caminaba hacia casa esa tarde, Antonio sentía su corazón muy pesaroso. Sentía que ya se habían reído bastante de él por su voz chillona y su afición a la talla. Así que a la mañana siguiente, muy temprano, Antonio dejó su casa llevándose su valiosa navaja de tallar. Sus bolsillos iban llenos con algunas de las cosas que había hecho: un pájaro precioso, una flauta, varias estatuillas y un barquito. Estaba decidido a encontrar la casa del gran Amati.

Finalmente, Antonio encontró la casa y llamó a la puerta principal con suavidad. Cuando un sirviente la abrió, el gran maestro oyó la voz chillona de Antonio y vino a ver qué es lo que quería tan temprano por la mañana.

—He traído estas cosas para que usted las vea, señor —contestó Antonio, al tiempo que sacaba de sus bolsillos la selección de piezas que había tallado.

—Me gustaría que las mirase y me dijera si tengo suficiente talento para aprender a hacer violines también.

Amati fue cogiendo y examinando minuciosamente cada pieza e invitó a Antonio a entrar a su casa.

—¿Cómo te llamas? —le preguntó.

—Antonio, señor —chilló él.

—¿Y por qué quieres hacer violines? —quiso averiguar Amati, ahora bastante serio.

—Porque amo la música, pero no puedo cantar ya que mi voz suena como una bisagra chirriante. Ayer por la tarde, enfrente de la catedral, usted oyó lo bien que cantan mis amigos. Yo también quiero hacer que la música cobre vida —soltó Antonio impulsivamente.

Inclinándose para mirar a Antonio a los ojos, Amati dijo:

—Lo más importante es la canción del corazón. Hay muchas formas de hacer música, algunas personas tocan el violín, otras cantan, aún otras pintan maravillosos cuadros. Cada una ayuda añadiendo algo al esplendor del mundo. Tú eres un tallador, pero tu canción será tan noble como cualquier otra.

Estas palabras hicieron a Antonio muy feliz, nunca olvidaría ese mensaje de esperanza. En muy poco tiempo Antonio llegó a ser uno de los estudiantes del gran maestro. Muy temprano cada mañana, iba al taller de Amati donde escuchaba, aprendía y observaba a su maestro. Después de muchos años no había ni un solo secreto sobre la fabricación de un violín, con sus setenta partes diferentes, que él no conociera. Cuando tuvo veintidós años, su maestro le permitió poner su propio nombre en un violín que él mismo había hecho.

Durante el resto de su vida Antonio Stradivari hizo violines, más de mil cien, intentando que cada uno de ellos fuera mejor y más bonito que el anterior. Hoy cualquier persona que posea un violín Stradivarius posee un tesoro, una obra maestra del arte valorada en millones de euros.

Puede que no seamos grandes aspirantes espirituales o perfectos renunciantes, pero podemos ofrecer lo que podamos a Dios y Él quedará complacido.

Como Shri Krishna dice en la *Bhágavad Guita*:

Cuando se Me ofrece con devoción una hoja, una flor, una fruta, agua, eso Yo lo como, ofrecido con devoción por el puro de mente. Cualquier cosa que hagas, cualquier cosa que comas, cualquier cosa que sacrifiques, cualquier cosa que des, cualquier práctica ascética en la que te empeñes, hazlo como una ofrenda a Mí. Así serás liberado y vendrás a Mí.

Cap. 9, v. 26

Capítulo ocho

El propósito único de un nacimiento humano

Amma no se muerde la lengua cuando habla de la seriedad de la vida y del valor de un nacimiento humano. Solo después de muchos, muchos nacimientos en formas de vida más bajas, el alma consigue una forma humana. En cada nacimiento, incluyendo el humano, estamos preocupados principalmente por las cuatro cosas que siguen: hambre y sed, sexo, miedo y sueño.

Entonces, ¿qué es tan especial en ser un ser humano? Nosotros podemos razonar sobre las cosas a largo plazo, tomar decisiones de acuerdo a nuestras conclusiones y actuar en consecuencia. Los animales no pueden hacerlo. Ellos están programados por la Naturaleza o pueden ser entrenados por el hombre, pero no pueden pensar ni razonar como el ser humano. Los humanos tenemos un intelecto que puede discernir entre lo que es bueno y lo que es malo, y podemos entender muchas cosas. Esa característica distintiva de la humanidad debe ejercitarse, en toda su capacidad, antes de la muerte. Eso no significa, necesariamente, desarrollar el conocimiento intelectual sobre el mundo. Significa comprender nuestra naturaleza eterna como alma, como conciencia. El conocimiento del Ser es el logro más alto y la mayor felicidad de un nacimiento humano. Solo los seres humanos tenemos la capacidad de esforzarnos por trascender la Naturaleza a través de la práctica espiritual y el control de nuestros instintos.

Amma:

> Hijos, estos cuerpos nuestros no son eternos, pueden perecer en cualquier momento. Nacemos como seres humanos después de otros incontables nacimientos. Si desperdiciamos esta vida viviendo como animales, tendremos que nacer otra vez como animales antes de conseguir otro nacimiento humano.

Algunas personas espirituales en nuestros días sostienen que las enseñanzas de los antiguos sabios o *rishis*, que afirman que el ser humano puede renacer como un ser subhumano, no pueden ser ciertas, ¡es que suena demasiado desagradable! Sin embargo, los *rishis* y los libros sagrados como la *Bhágavad Guita* nos han dicho que, en el largo viaje que el alma o *jiva* recorre en su camino hacia la Unión mística con el Creador, puede haber muchos desvíos que conducen a nacimientos, tanto más bajos, como más altos que el nacimiento humano.

Si tenemos una idea clara acerca de la meta de la existencia humana, junto con un «plan de acción» o «diagrama de flujo», la vida puede tener una dirección definida y llegar a dar fruto. Incluso si la meta no se alcanza al final de la propia vida, se puede conseguir un nacimiento más propicio la próxima vez. Eso se expone con claridad en un revelador diálogo entre el Señor Shri Krishna y su devoto Árjuna en la *Bhágavad Guita*, capítulo sexto, que podemos leer atentamente:

> Árjuna dijo:
> ¡Oh, Destructor de Madhu! Ese sistema de Yoga en ecuanimidad enseñado por Ti, no veo que se pueda practicar con firmeza y continuidad porque la mente es inestable.

La mente verdaderamente es, ¡oh Krishna!, inquieta, turbulenta, poderosa y obstinada. Por tanto, controlarla me parece tan difícil como controlar el viento.

El Bendito Señor dijo:
¡Oh tú, el de poderosos brazos! Sin duda la mente es inestable y difícil de controlar, pero, ¡oh hijo de Kunti!, es posible controlarla por medio de la práctica adecuada y el desapego. El Yoga me parece difícil de lograr para el hombre que tiene una mente descontrolada, pero aquel que se esfuerza constantemente en controlarla usando los medios adecuados, lo logrará.

Árjuna dijo:
¡Oh Krishna! ¿Cuál es el destino que le espera a aquel que emprende el proceso con fe, pero luego desiste, ya no se esfuerza, y fracasa en lograr la perfección del Yoga? ¡Oh Tú, el de poderosos brazos!, aquel que ha fallado tanto en lo espiritual como en lo material, ¿no perece como una nube que se dispersa y queda confundido en el camino hacia Brahman? Esa es mi duda, ¡oh Krishna!, y te pido que la despejes por completo porque nadie sino Tú puede destruir esa duda.

El Bendito Señor dijo:
¡Oh, Partha!, ni en este mundo ni en el siguiente hay destrucción para él; ninguna hay, ciertamente, para aquel que hace el bien, hijo mío, ese nunca será vencido por el dolor. Aquel que ha alcanzado los mundos de lo recto, y que ha morado allí durante muchísimos años, pero ha fracasado en el Yoga, renace en una familia virtuosa y

rica. O bien nace en una familia de Yoguis sabios. Claro que un nacimiento como ese es muy difícil de obtener en este mundo. Allí, en esa clase de nacimiento, entra en contacto con el conocimiento que adquirió en su vida anterior y se esfuerza más que antes a fin de obtener la Perfección, ¡oh, hijo de Kuru! En virtud de esa práctica de su vida anterior, aún sin quererlo, desea conocer el Yoga y se eleva por encima de la Palabra de Brahman. Verdaderamente un Yogui que se esfuerza así, con constancia, purificado de imperfecciones y perfeccionado a lo largo de muchos nacimientos, alcanza la Meta Suprema.

Cap.6, v.33 - 45

Esos versos nos proporcionan mucha esperanza y un gran consuelo en nuestra vida espiritual. Cuando las personas devotas miramos nuestro estado en el momento presente, es natural que sintamos que no podemos alcanzar la meta en esta vida. Nos preocupamos por nuestro destino y por cómo será nuestro próximo nacimiento. ¿Serán inútiles todos nuestros esfuerzos? ¿Tendremos que empezar de nuevo desde cero? Shri Bhagaván nos dice que no nos preocupemos. Nada se desperdicia. Nuestros esfuerzos son como ir poniendo dinero en el banco en una cuenta corriente eterna que sobrevive a nuestra muerte, vida tras vida. Seremos felices en los otros mundos y renaceremos en circunstancias que nos llevarán más lejos en nuestra evolución espiritual, e incluso, aunque estemos poco dispuestos, continuaremos con más intensidad hacia la meta.

El uso de las palabras «poco dispuestos» es muy instructivo. Maya es como la gravedad, siempre está tirando de nosotros hacia abajo, aunque solo lo notemos en determinadas circunstancias.

Debido a Maya, en este mundo por lo general, las almas no se sienten atraídas por el esfuerzo espiritual serio. Casi todos los seres se dedican a la satisfacción de sus deseos latentes de placer y de evitación del sufrimiento. Pero aquellos que se esforzaron con sinceridad por la Liberación en sus vidas previas, se sentirán atraídos hacia la realización de esfuerzos más profundos y fuertes hacia el conocimiento del Ser. Amma dice que el mismo hecho de que algunas personas hagan un progreso espiritual relativamente rápido, significa que han hecho sádhana en sus vidas anteriores. Su intenso esfuerzo en esta vida contrasta ese hecho. Pero incluso si ahora carecemos de esa intensidad, debemos esforzarnos de manera que, aunque no alcancemos el Estado Supremo en esta vida, estemos mucho más cerca en la siguiente. Esa es una sabia inversión.

Además de lo que estas palabras nos garantizan, no debemos olvidar que la gracia de nuestra Guru es la fuerza más poderosa para la Liberación. Simplemente el pensamiento de Amma dirigido hacia nosotros, es suficiente para rasgar el viejo velo de la ignorancia espiritual o *ajñana* que oculta nuestro Verdadero Ser. Pero por supuesto, debemos invocar esa gracia a través de un intenso esfuerzo por nuestra parte.

El plan para los niños

Entonces, ¿cuál es el plan de acción? Cuando somos niños, solo somos animales bípedos. No hacemos otra cosa sino lo que hacen los animales: comer, excretar, dormir, jugar, querer, pelear, etc. Pero poco tiempo después, pasados los cinco años aproximadamente, nuestros padres deben empezar a poner los cimientos de nuestra «torre hacia el cielo». En esa etapa debemos conseguir las provisiones que necesitaremos para hacer el largo viaje de regreso a Dios.

> Amma: Los padres deben empezar a explicarles a sus hijos e hijas ideas espirituales a una edad temprana. Debemos decirles que hay un poder conocido como Dios que lo controla todo. Si le enseñamos a un niño o niña a recordar a la Divinidad en todas las circunstancias de la vida, esos niños serán capaces de mantener su equilibrio interior en todas las situaciones, tanto si se trata de una victoria, como si se trata de una derrota. Incluso si al crecer adquieren malos hábitos, las buenas impresiones latentes en su mente subconsciente, los traerán de regreso al camino correcto a su debido tiempo.

Aparte del conocimiento sobre el mundo, los padres deben mostrar a sus hijos e hijas, a través de ejemplos e historias, los temas siguientes: veneración a los mayores y a Dios, devoción, humildad, sencillez, autocontrol, desapego, servicio, altruismo y una actitud filosófica.

> Amma: Los niños deben respetar a sus mayores, contestarles con educación, obedecer sus instrucciones, deben abstenerse de reírse de ellos o de contestarles mal o contrariarles. Todas esas cualidades son esenciales para el bienestar de la familia.

Para que eso sea así, hay que enseñar a los niños lo que sigue: ásanas de yoga, slokas y oraciones en sánscrito, historias espirituales del *Ramáyana*, el *Bhágavata*, el *Mahabhárata* o el *Panchatantra*, *bhajans*, meditación y *japa* e involucrarles en *Karma yoga* o *seva*.

Todo eso además de sus estudios seculares. Más adelante todas esas prácticas pondrán los fundamentos para una vida espiritual.

La vida matrimonial

La mayoría de las personas desea una esposa o esposo, fortuna y fama, comodidades y posesiones, placeres sensuales e hijos. Esos deseos se satisfacen en la vida matrimonial. Sin embargo, las prácticas espirituales que aprendimos de niños también deben continuar en esa etapa. Pasiones como la ira, la avaricia, el egoísmo, los celos y el deseo sexual tienen que ser controlados poco a poco y gradualmente reducidos. Aquí se ha usado la palabra «gradualmente», pero ¡cuidado!, no tan gradualmente que no se haga nada con ello. La vida matrimonial es una etapa en la que hay muchas oportunidades para la superación personal. Es una pena que hoy, cuando miramos a nuestro alrededor, no veamos muchas de esas cualidades positivas en la vida de las personas. El egoísmo parece llevar la voz cantante.

En el bosque

Si se ha trabajado intensamente para purificar la mente de todas esas debilidades y negatividades, y se ha sido regular en la práctica espiritual, entonces surgirán la verdadera devoción y el desapego. En ese momento se está preparado para «vivir en el bosque». En esa etapa de la vida se vive sin preocuparse por los asuntos mundanos, y si es posible, es el momento de establecerse en un áshram, o al menos, de pasar todo el tiempo del que se disponga haciendo práctica espiritual en casa.

> Amma: Una vez que los hijos han crecido y pueden cuidar de sí mismos, esposo y esposa deben marcharse a un áshram, llevar una vida espiritual y trabajar para

su perfeccionamiento espiritual comprometiéndose con la meditación, japa y con el servicio desinteresado. Para que esa transición sea posible es necesario cultivar en la vida espiritual, desde el principio, una actitud de fuerte apego solo al Señor. Sin un vínculo espiritual como ese, la mente se aferrará a sus ataduras, primero a los hijos, luego a los nietos y así sucesivamente. Ese tipo de apego no es útil, ni para nosotros, ni para nuestros hijos e hijas. Nuestras vidas serán un desperdicio si permitimos que nuestros apegos persistan. Si, por otro lado, pasamos nuestra vida haciendo sádhana, nuestro poder espiritual nos ayudará tanto a nosotros mismos como al mundo. Así que cultivad el hábito de retirar la mente de los incontables asuntos mundanos y volvedla totalmente hacia Dios. Si recogemos agua en un depósito, el agua podrá llegar a todos los grifos. De la misma manera, si mantenemos nuestra mente en Dios constantemente mientras estamos realizando cualquier trabajo, el beneficio alcanzará a todos los miembros de la familia. El objetivo final de la vida no debe ser amasar una fortuna para los hijos y familiares, debe ser concentrarse en nuestro propio desarrollo espiritual.

Renuncia

Cuando se está convencido de la realidad de Dios y de la naturaleza ilusoria del mundo, cuando la sed por la vida sensorial es reducida hasta la supervivencia y nada más, cuando se arde en el deseo de conocer a Dios, entonces llega la etapa de la completa renuncia, de la total dependencia de Dios y la absoluta dedicación a la espiritualidad. Eso puede ser una actitud interior o también puede adoptar la forma de la renuncia externa. Lo que se practica es vivir en el Atman o alma. Ese es el único verdadero deber que se tiene.

No debemos pensar que solo los renunciantes reciben la gracia de Dios o de la Guru. La gracia viene de diferentes formas de acuerdo a nuestra etapa y a nuestra práctica. Una persona casada puede trabajar por ella y recibirla de forma diferente a un monje o monja.

Los servidores ocultos de Dios

Hay una leyenda sobre un eremita que vivió hace tiempo en lo alto de una montaña en una pequeña cueva. Se alimentaba de raíces y bellotas, un poco de pan que le daba un campesino o queso que le traía una mujer que quería sus oraciones. Su trabajo era rezar y pensar en Dios. Allí vivió durante cuarenta años, predicando a las gentes, rezando por ellas, consolando a las que tenían problemas, y sobre todo, alabando a Dios en su corazón. Solo una cosa le importaba: hacer su alma tan pura y perfecta que pudiera ser una de las piedras del gran Templo Celestial de Dios.

Un día, después de los cuarenta años, sintió un gran deseo de saber cuánto había progresado en su trabajo y qué le parecía éste a Dios. Rezó para que se le mostrara a un hombre:

> Cuya alma en la divina gracia hubiera crecido
> en la misma medida que la suya;
> cuyo tesoro en la celestial orilla
> no pudiera ser ni menos ni más que el suyo.

Cuando levantó la vista después de su oración, un ángel vestido de blanco estaba de pie ante él en el camino. El eremita hizo una reverencia ante el mensajero con gran felicidad, porque sabía que su deseo había sido colmado.

—Ve a la ciudad más próxima —dijo el ángel— y allí, en la plaza pública, encontrarás un payaso haciendo reír a la gente a cambio de dinero. Él es el hombre que buscas, su alma ha crecido hasta la misma altura que la tuya, su tesoro en la celestial orilla no es ni mayor ni menor que el tuyo.

Cuando el ángel hubo desaparecido de su vista, el ermitaño inclinó de nuevo su cabeza, pero esa vez con gran pena y temor. ¿Habían sido sus cuarenta años de oración un terrible error? ¿Realmente su alma era como la de un payaso que hacía el tonto por la plaza del mercado? No sabía qué pensar. Casi esperaba no encontrar al hombre y poder creer que había soñado la visión del ángel. Pero cuando llegó al pueblo y a la plaza, después de una caminata larga y agotadora, ¡ay! allí estaba el payaso haciendo bromas tontas para la multitud.

El ermitaño se quedó plantado mirándole con terror y pena porque sintió que estaba mirando su propia alma. El rostro que vio era delgado y parecía cansado, y aunque seguía sonriendo con una mueca a la gente, le pareció muy triste. Al poco el hombre sintió los ojos del ermitaño fijos en él; no pudo seguir adelante con sus tonterías. Cuando hubo parado y la multitud se hubo ido, el ermitaño se acercó para llevarle a parte, a un lugar donde pudieran descansar, porque quería más que ninguna otra cosa en el mundo saber cómo era el alma del hombre, porque tal como fuese, así sería la suya. Así que después de un tiempo, le preguntó al payaso con mucha amabilidad cómo era y cómo había sido su vida. Y el payaso contestó, muy tristemente, que era simplemente tal como parecía, una vida de bromas ridículas porque era el único modo que conocía de ganarse el pan.

—Pero, ¿has hecho alguna vez algo diferente? —preguntó el ermitaño con dolor.

El payaso hundió la cabeza entre sus manos.

—Sí, santo padre —contestó—. Yo he sido otra cosa. Fui un ladrón. Una vez pertenecí a la más malvada banda de bandidos de las montañas que jamás haya atormentado la tierra, y yo era tan malvado como el que más.

¡Ay! El ermitaño sintió que se le partía el corazón. ¿Era así cómo aparecía ante el Señor, como un ladrón, un cruel salteador de las montañas? Apenas podía hablar y las lágrimas caían a raudales de sus envejecidos ojos, pero consiguió reunir la fuerza suficiente para hacer una pregunta más:

—Te suplico —dijo— que si alguna vez has hecho en tu vida un acto bueno, aunque sea solo uno, lo recuerdes ahora y me lo digas —porque pensaba que incluso un solo buen acto le salvaría de la completa desesperación.

—Sí, uno —dijo el payaso—, pero fue tan insignificante, que no merece la pena contarlo, mi vida ha sido inútil.

—Cuéntamelo —le rogó el eremita.

—Una vez —dijo el hombre—, nuestra banda asaltó el jardín de un convento y secuestró a una de las monjas para venderla como esclava o pedir por ella un rescate. La llevamos con nosotros, arrastrándola por el largo y escarpado camino hasta nuestro campamento en la montaña y por la noche le pusimos un vigilante. La pobrecilla nos suplicaba lastimosamente que la dejáramos ir. Y mientras nos suplicaba iba mirando, uno por uno, nuestros fríos rostros con ojos confiados, implorantes, como si no pudiera creer que los hombres pudieran ser de verdad tan malos. Padre, cuando sus ojos se encontraron con los míos, algo me atravesó el corazón. La compasión y la vergüenza, por primera vez, saltaron en mi interior. Pero yo puse una cara tan fría y cruel como el resto y ella apartó la mirada sin esperanza.

Cuando todo quedó oscuro y en silencio, sigilosamente como un gato, me acerqué a donde ella estaba atada. Le cogí la muñeca y le susurré: «Confía en mí y a salvo te llevaré a casa». Corté sus ataduras con mi cuchillo y ella me miró para mostrarme que confiaba. Padre, atravesando caminos terribles que yo conocía, ocultándonos de los otros, la llevé sana y salva hasta la puerta del convento. Llamó, le abrieron y rápidamente desapareció en el interior, pero cuando me dejó, se giró y me dijo: «Dios se acordará». Eso fue todo. No pude regresar a mi mala vida de antes y como nunca había aprendido una forma honesta de ganarme el pan, me hice payaso y payaso seré hasta que muera.

—¡No, no, hijo mío! —gritó el ermitaño y ahora sus lágrimas eran lágrimas de alegría— Dios ha recordado, tu alma es a sus ojos igual que la mía que ha rezado y predicado durante cuarenta años. Tu tesoro te espera en la orilla celestial igual que lo hace el mío.

—¿Igual que el suyo? Padre, se burla de mí —dijo el payaso.

Pero cuando el eremita le contó la historia de su oración y de la respuesta del ángel, el pobre payaso quedó trasfigurado por la alegría porque sabía que sus pecados habían sido perdonados. Y cuando el ermitaño partió hacia su hogar en la montaña, el payaso fue con él. También él se hizo ermitaño y pasó sus días orando y predicando.

Juntos vivieron, trabajaron y ayudaron a los pobres. Y cuando después de dos años el hombre que había sido payaso murió, el eremita sintió que había perdido un hermano más santo que él mismo.

Durante diez años más el eremita vivió en su choza de la montaña, siempre pensando en Dios, ayunando y rezando, sin hacer nada que fuese incorrecto. Al tiempo, un día, apareció una vez más el deseo de saber cómo estaba mejorando su trabajo, y una vez más, rezó para que se le mostrase un ser como él mismo.

Una vez más, también, su oración fue escuchada. El ángel llegó hasta él y le dijo que fuera a una pequeña granja que estaba en cierto pueblo situado en la otra ladera de la montaña. Allí vivían dos mujeres, en ellas encontraría dos almas que eran como la suya a los ojos de Dios.

Cuando el eremita llegó a la puerta de la granjita, las dos mujeres que allí vivían estallaron de alegría al verle, pues todos le querían y respetaban su nombre. Le sacaron una silla al fresquito del porche y le trajeron comida y bebida. Pero el ermitaño estaba tan impaciente que no podía esperar. Tenía un gran deseo de saber cómo eran las almas de las dos mujeres porque, por su apariencia, sólo podía ver que eran ambles y sinceras. Una era vieja y la otra de mediana edad.

Inmediatamente les preguntó sobre sus vidas. Le contaron lo poco que había para contar: que siempre habían trabajado mucho, en el campo con sus maridos o en la casa, tenían muchos niños, habían conocido malos tiempos, enfermedades y penas, pero nunca se habían sentido desesperadas.

—¿Y qué hay de vuestras buenas acciones? —preguntó el eremita— ¿Qué habéis hecho por Dios?

—Muy poco —dijeron con tristeza, porque eran demasiado pobres como para poder dar mucho. Eso sí, dos veces al año, cuando mataban una oveja para comer, daban la mitad a sus vecinos más pobres.

—Ese es un acto muy bueno, lleno de fe —dijo el ermitaño— ¿Y hay alguna otra buena obra que hayáis hecho?

—Ninguna —contestó la mayor—, a menos… a menos que se pueda llamar una buena obra…—dijo y miró a la más joven, que le devolvió una sonrisa.

—¿Qué? —dijo el ermitaño.

La mujer seguía dudando, pero finalmente dijo con timidez:

—No hay mucho que contar, Padre, solo esto: que hace veinte años que mi cuñada y yo vinimos a vivir juntas a esta casa, aquí hemos criado a nuestras familias, y en todos esos años nunca ha habido una mala palabra entre nosotras o una mirada que no fuera, como poco, amable.

El ermitaño inclinó su cabeza ante las dos mujeres y les dio las gracias de corazón.

—Si mi alma es como estas —dijo—, ciertamente estoy bendecido.

Y de repente una gran luz iluminó la mente del eremita y entonces vio cuántas formas hay de servir a Dios. Algunas personas le sirven en ashrams, templos y en celdas de ermitaño mediante la alabanza y la oración; algunas pobres almas, que han sido muy malvadas, apesadumbradas, reniegan de su maldad y le sirven con su arrepentimiento; algunas viven fiel y dulcemente en humildes hogares, trabajando, criando a los hijos, siempre amables y alegres; otras soportan el dolor pacientemente por su bien. Infinitas, infinitas formas hay que solo los Seres Celestiales ven.

Y así cuando el ermitaño subía la montaña de nuevo, al ver desde lejos la luz en la ventana de la cabaña, resplandeciente como una estrella, pensó: «Cuántos servidores de Dios hay escondidos».

Capítulo nueve

La necesidad de la renuncia

Na karmana na prajaya dhanena
tyagenaike amrita tvamanasuh
parena nakam nihitam guhayam
vibhrajate yadyatayo visanti

Ni por la acción, ni por (adquisición) de progenie, ni
riqueza, sino solo por la renuncia, se alcanza la inmortalidad. Ese Estado Supremo está mucho más allá del
cielo más alto y los sabios lo perciben oculto en la cueva
del corazón, brillando intensamente allí dentro.

Mahanaráyana upanishad, 4.12

Amma habla con frecuencia sobre el valor y la necesidad de la renuncia. Por lo general no pensamos en la renuncia como un medio para alcanzar la felicidad. Casi nos parece una forma de tortura, castigo o sufrimiento, algo en verdad deprimente. Pero Amma dice que su valor reside en la felicidad duradera que proporciona. La mayoría sentimos que la felicidad está en cualquier cosa que les dé a nuestra mente y a nuestros sentidos una sensación de placer. Eso es en parte cierto. Pero Amma nos dice que no debemos conformarnos con tan limitada y efímera felicidad. ¿Por qué no esforzarse por un placer que proporcione satisfacción permanente? ¿Por qué correr tras unas gotas de miel cuando tenemos a nuestra disposición un océano entero? Eso es

lo que todas las personas sabias de todas las antiguas tradiciones espirituales dicen, fruto de su propia experiencia de unión con Dios: Hay un mar de dicha en tu interior. No eres consciente de ello ahora. Busca experimentarlo a través de la práctica espiritual, y la felicidad y la paz serán tuyas, una felicidad que nadie ni nada podrán arrebatarte.

Hay diferentes grados de *ánanda* o felicidad. Está el placer humano, están los placeres más elevados de los mundos sutiles o celestiales y luego está la Dicha Divina o *Brahmánanda*. Solo *Brahmánanda* dura para siempre y es supremo en todos los aspectos. Alcanzado, se descansa satisfecho. Un pájaro puede estar volando durante un cierto tiempo. Algunos pájaros pueden volar miles de kilómetros sin descansar, pero al final, tienen que regresar a la tierra. De manera parecida, nosotros podemos deambular por la creación a lo largo de muchos nacimientos persiguiendo la dicha, pero al final, tenemos que regresar a casa, aterrizar en la tierra firme de nuestra propia fuente, el *Atman* o Dios.

Para Amma «renuncia» significa la retirada gradual de la mente y de los sentidos de los objetos mundanos para fijar la atención en Dios, la Realidad inalterable de este mundo inconstante, la Dicha Divina, la Fuente de nuestra mente. Dios no es un viejo pesado con una barba blanca que vive en el cielo, siempre preparado para castigarnos, con su dedo dispuesto a apretar el botón de la aniquilación. Dios es la esencia de la dicha, un vasto e ilimitado Mar de Conciencia detrás de nuestras mentes individuales.

Renuncia también significa abandonar aquello que nos perjudica espiritualmente. En el esfuerzo que hacemos para que así sea, llegamos a ver que toda nuestra vida, nuestra educación y nuestra actividad cotidiana, nos han enseñado a hacer justo lo contrario. En nuestra persecución de las formas de felicidad mundana, desarrollamos una gran cantidad de tendencias negativas o destructivas como el orgullo, el egoísmo, la ira, la impaciencia y la avaricia. Empleamos esas tendencias para hacernos felices, pero de hecho terminan haciéndonos, a nosotros mismos y a otras personas, desgraciados. Ese es el insólito resultado de *Maya*, el Poder de la Ilusión Universal.

La renuncia no es algo que la mayoría pueda practicar de repente y de todo corazón. Debe desarrollarse gradualmente. Algunos devotos y devotas que están casados, tienen cierto sentimiento de culpa porque están esforzándose por metas mundanas y disfrutando de los placeres de la vida, a pesar de que Amma insiste en la renuncia. Pero Amma dice que un *grihastáshrami* o seglar, debe disfrutar de lo que el mundo tiene para darle. Al principio intenta estar tan satisfecho como le sea posible en la vida mundana. Luego, después de algún tiempo, lenta y gradualmente practica la renuncia. Finalmente, intenta ver y entender la cara negativa del placer, al mismo tiempo que desarrolla la devoción. Eso podemos hacerlo contando con la compañía de los *mahatmas* (almas grandes), leyendo obras tradicionales como la *Bhágavad Guita* y el *Shrímad Bhágavatam* y reflexionando sobre la auténtica meta de la vida humana. La verdadera renuncia se logra solo cuando la mente vive en la conciencia de Dios.

La renuncia física no es para todas las personas. Para algunas se hace posible con el tiempo. ¿Puede alguien forzarse a sí mismo o a sí misma a la renuncia? Primero la persona devota debe sentirse atraída por un fuerte sentimiento de desapego de todos y de todo. Los placeres y relaciones mundanas se sentirán como vacíos y sin sentido, una distracción y una pérdida de un tiempo y una vida valiosos. Debe brotar la comprensión de la frivolidad y del egoísmo de la vida mundana. Se sentirá que los ambientes mundanos resultan insoportables y vacíos como un profundo abismo. Alcanzar la Dicha Divina y escapar del ciclo de muerte y renacimiento, cobrarán un sentido de urgencia y se convertirán en la meta principal de la propia vida.

Algunas personas abrazan la renuncia en un ataque de rabia por los sufrimientos, decepciones y dificultades de la vida cotidiana. Puede que incluso abandonen su familia y su trabajo y se marchen a algún lugar santo o de natural belleza o se vayan de peregrinación; pero tarde o temprano, empezarán a echar de menos su antigua vida y volverán a casa. Incluso es posible que empiecen una nueva vida en el mundo, pero en algún otro lugar.

Hay otro tipo de renuncia llamada *smásana vairaguia* (desapego en el cementerio). Tiene lugar cuando alguien asiste a una cremación o un funeral, ve un cadáver o un horrible accidente o tiene un encuentro cercano con la muerte. Se empieza a pensar que, algún día, el propio cuerpo quedará reducido a ese mismo destino. Se adquirirá una actitud más filosófica ante la vida y se sentirá cierto desapego hacia los asuntos cotidianos, por tanto, se considerará con seriedad el esfuerzo espiritual. Sin embargo, después de llegar a casa y volver a la rutina acostumbrada, tales sentimientos se olvidan por completo.

En el caso de los devotos y devotas de Amma, ella está ahí para decidir si estamos o no preparados para una vida de renuncia. Ella puede ver más allá de lo que nosotros vemos. El mejor modo de proceder es consultarle sobre tales cuestiones. Es muy difícil para nosotros saber si verdaderamente tenemos suficiente desapego para llevar una vida como esa. Amma nos mostrará el camino y nos hará saber si debemos hacer algún cambio.

El suami que adoraba el pudding

Un suami había adoptado la vida de renuncia sin haber obtenido antes la bendición de un guru. Vivía de frutas y raíces, retirado en una cabaña en el bosque. Su áshram estaba cerca de un pueblo, así que con frecuencia los niños que vivían en él se acercaban por allí a jugar. Un día al oír que los niños gritaban y discutían, salió para ver qué pasaba. Dos hermanos estaban peleándose por un incidente sucedido el día anterior, cuando el hermano mayor no compartió su rico pudding (*páyasam*) con el pequeño. Al oír la palabra «páyasam», el deseo de comerlo surgió en la mente del sadhu. Su mente voló de regreso treinta años atrás, cuando todavía vivía con su familia y habitualmente comían páyasam y cualquier otra cosa que él desease. Pensó: «¿Cómo puedo conseguir páyasam ahora? No sería apropiado regresar a mi casa después de tantos años. Podría quedar atrapado por la vida de allí, lo que daría lugar a muchas complicaciones. Bueno, no habrá nada de malo en que simplemente dé unas vueltas por el pueblo pidiendo en algunas casas. Puede ser que en alguna de ellas tengan páyasam y consiga un poco».

Durante todos esos años el sadhu había vivido de lo que el bosque producía y así había podido evitar a los habitantes del pueblo. Ahora había decidido ir al pueblo. Partió al atardecer, pero se perdió por el camino. Estuvo deambulando por el bosque hasta la mañana siguiente. Por fin, oyó unas voces y se acercó al lugar del que venían. Allí preguntó por el camino del pueblo y quedó sorprendido al ver la reacción de las personas a las que había preguntado.

—Aquí está el mismísimo ladrón que hemos estado buscando. Se ha disfrazado de sadhu, ¡cogedle!

Le agarraron, le golpearon y le llevaron hasta la comisaría. La policía le amenazó con torturarlo si no decía dónde había escondido las cosas que había robado. El pueblo entero vino a ver al ladrón disfrazado de sadhu.

El sadhu temblaba de miedo y rogaba a Dios que le salvara. No tenía ni idea de lo que estaba pasando.

Justo entonces pasó por allí un mahatma que volvía de bañarse en el río. Inmediatamente comprendió la situación y le dijo a los policías:

—Habéis cogido al hombre equivocado. Ese hombre es solo un inocente sadhu que vive en el bosque, a unos dieciséis kilómetros de aquí. Al verdadero ladrón lo han cogido en algún otro lugar y lo han puesto bajo custodia. Por favor, soltad a ese hombre, dadle algo de páyasam para comer y enviadle de regreso a su áshram.

Los lugareños conocían bien al mahatma, así que soltaron al sadhu. Éste se postró a los pies del mahatma y estalló en llanto. Se arrepintió de su falta de control y regresó a su cabaña en el bosque. Los deseos siempre traen consigo problemas, ¡especialmente en el caso de un sadhu o renunciante que no tiene un guru!

La vida en este mundo es como ir a la escuela. Pasamos por diferentes clases y aprendemos diferentes lecciones. Pero este mundo es solo una escuela, no debemos permanecer en ella para siempre. Debemos intentar graduarnos hasta el mundo verdadero. Ese mundo verdadero es el de la Dicha Divina, el mundo de Dios. Siguiendo el consejo de Amma, practiquemos la renuncia en cualquier modo y grado que nos sea posible en nuestra vida cotidiana. Incluso aunque dejemos nuestro hogar, llevaremos con nosotros la misma mente. Nunca podemos huir de ella, excepto por la renuncia a los pensamientos.

Capítulo diez

Vásanas

Amma explica que la verdadera meta de nacer como un ser humano es experimentar el estado de unión con nuestro Creador, Dios, con una mente purificada por la disciplina espiritual. Para que esa experiencia nos atraiga, nuestra actual mente inestable tiene que ser purificada de sus pensamientos y sentimientos, y tiene que transformarse en una mente tan calmada como un mar sin olas. En ese proceso de purificación, un *sádhaka* (aspirante) intenta reducir sus pensamientos de manera que la Verdad oculta llegue a revelarse. Un estanque puede estar cubierto de algas, pero si las apartamos, podemos ver el agua. De forma similar el Atman ahora está cubierto por pensamientos, débiles y fuertes. La visión o experiencia del Ser empezará a lograrse cuando los pensamientos sean reducidos.

Amma dice:

> Cuando los mantras son recitados con sinceridad y devoción, se obtiene paz mental y serenidad. Eso hará que el número de pensamientos disminuya, y cuando haya menos pensamientos, conseguiréis más paz mental. La tensión y la agitación mental son causadas por las numerosas oleadas de pensamiento que a su vez, a su tiempo, producirán todo tipo de tendencias negativas como la lujuria, la ira, la envidia, la avaricia, etc. Los mantras, recitados con concentración, nos capacitarán

para aceptar, tanto las experiencias agradables de la vida, como las dolorosas; veremos que ambas vienen de la Voluntad de Dios y son bendiciones. Eso no es posible si vuestras oraciones son solo para satisfacer los deseos. Eso solo servirá para aumentar vuestros sufrimientos y decepciones en la vida. La paz de la mente es lo más importante.

Para conseguir el éxito en la reducción del número de pensamientos debemos aprender, a través de la meditación, a estar sumamente conscientes de nuestra mente. Eso focaliza nuestra atención en el interior de la mente en lugar de hacerlo en los asuntos externos. La mente está hecha, tanto del habitual ruido de baja intensidad o parloteo mental, como de pensamientos y sentimientos muy poderosos que nos pueden impulsar a actuar y crearnos felicidad o sufrimiento. Esas son las hebras de las que está hecho el tejido de la mente. Se trata de las *vásanas* o hábitos de pensamiento. Bajo su poder, hablamos y actuamos, sumergiéndonos en el océano del karma, placentero o doloroso.

Los tres gunas

Algunos pensamientos y sentimientos ayudan a calmar la mente y otros solo sirven para agitarla. Aquellos que la calman son sáttvicos y aquellos que la distraen y nos producen sufrimiento son rajásicos y tamásicos. Esos son los tres *gunas* (cualidades) que constituyen el Universo.

> El Señor Krishna dice:
> Cuando cada puerta de este cuerpo es atravesada por la luz del conocimiento, entonces se sabe que sattua predomina.

Codicia, actividad, emprender trabajos, agitación y deseo, surgen cuando rajas es predominante, Oh señor de los Bháratas.

Oscuridad, apatía, inercia y error, surgen cuando tamas predomina, Oh, hijo de Kuru.

Si el ser encarnado encuentra la muerte cuando sattua predomina, entonces alcanza las regiones puras de aquellos que conocen lo más Alto.

Si encuentra la muerte en rajas, nace entre aquellos que están apegados a la acción; y si muere en tamas, nace en el seno de lo irracional.

Se dice que el fruto de la acción bondadosa es sáttuico y puro, mientras que el fruto de rajas es el sufrimiento; la ignorancia, es el de tamas.

De sattua surge la sabiduría; de rajas la codicia; inercia, ignorancia y también error, surgen de tamas.

Aquellos que siguen el camino de sattua ascienden; los rajásicos permanecen en el medio; y los tamásicos, que siguen la dirección de la guna inferior, descienden.

Habiendo trascendido estas tres gunas, que son la causa del cuerpo, el ser encarnado es liberado del nacimiento, la muerte, la decadencia y el sufrimiento, y alcanza lo Inmortal.

Bhágavad Guita, Cap. 14, v.11-18, 20

Más abajo podemos ver una lista exhaustiva de cualidades que son la manifestación de cada una de las tres gunas. Familiarizándonos con ellas, entenderemos dónde estamos en relación a las gunas y dónde tenemos que ir.

Sattua: Paciencia, alegría, satisfacción, pureza, gozo, fe, generosidad, perdón, firmeza, benevolencia, ecuanimidad, verdad, bondad, modestia, serenidad, sencillez, templanza, valor, consideración por el interés de los demás y compasión por todas las criaturas.

Rajas: Orgullo por la propia belleza, afirmación de poder, guerra, mezquindad, ausencia de compasión, ir constantemente de la felicidad al sufrimiento y viceversa, obtener placer en hablar mal de los demás, gusto por las peleas y disputas, arrogancia, grosería, ansiedad, hostilidad, sufrimiento, apropiación de lo que pertenece a otros, descaro, deshonestidad, rudeza, lujuria, ira, soberbia, afirmación de superioridad, crueldad y difamar a otras personas.

Tamas: Inercia, indolencia y pereza, apatía y error, inestabilidad, vulgaridad, terquedad, deshonestidad, maldad, abulia, procrastinación.

Tamas puede ser superada por rajas, que a su vez, en su momento, puede ser sublimada a través de sattua. Debemos aquietar la mente hasta el punto en el que no haya cualidades en absoluto, solo conocimiento, conciencia, dicha. Como el Señor dice:

Verdaderamente esa Ilusión Divina mía hecha de gunas, es difícil de superar. Aquellos que me busquen solo a Mí, atravesarán esa Ilusión.

Bhágavad Guita, Cap. 7, v.14

Ese es un trabajo muy difícil. Ese esfuerzo por la pureza mental se denomina *tapas* o austeridad. No hay otro camino. Cada ser vivo debe pasar por esa prueba, antes o después, y así fortalecerse lo suficiente como para poner la mente bajo control por completo. Si no nos esforzamos para elevarnos a nosotros mismos, nuestras vásanas negativas nos devorarán y nos traerán mucho sufrimiento, nacimiento tras nacimiento.

> Que el ser humano se eleve a sí mismo, que no se degrade a sí mismo; porque solo él mismo es su amigo y solo él mismo es su propio enemigo.

> Para aquel que se ha conquistado a sí mismo, su propio ser es el amigo de su ser, pero para aquel que no se ha conquistado a sí mismo, su propio ser permanece enemigo de su ser como lo haría un enemigo externo.
>
> *Bhágavad Guita*, Cap. 6, v.5 y 6

La vida de una mariposa

Un día un estudiante encontró un capullo y lo llevó a la clase de biología, que tenía lugar en el laboratorio. El profesor lo puso en un acuario, que no se utilizaba, con una lámpara para darle calor. Pasada casi una semana una pequeña apertura empezó a aparecer en la parte inferior del capullo. Los estudiantes la estaban observando cuando empezó a temblar. De repente, aparecieron unas diminutas antenas, seguidas por una cabeza y una patita delantera. Los estudiantes corrían al laboratorio entre clase y clase para comprobar el progreso del capullo. Sobre la hora de la comida había conseguido liberar sus lánguidas alitas. Por sus colores se vio que se trataba de una mariposa monarca. La mariposa se contoneó, se sacudió y luchó por salir, pero después pareció quedar atascada. A pesar de intentarlo, parecía que no tenía fuerza suficiente para sacar su cuerpo a través de la pequeña apertura del capullo.

Finalmente, uno de los estudiantes decidió ayudar a la mariposa a superar sus dificultades. Cogió unas tijeras de la mesa, cortó la estrecha cubierta del capullo y entonces, algo aparecido a un insecto, se dejó caer. La mitad superior parecía una mariposa con las alas lacias, la mitad inferior, que acababa de quedar fuera del capullo, era una protuberancia grande e hinchada. Nunca podría volar con sus raquíticas alas, simplemente reptaba por el suelo del acuario arrastrando sus alas y su cuerpo hinchado. En poco tiempo, murió.

Al día siguiente el profesor de biología explicó que el esfuerzo de la mariposa para salir por la pequeña apertura del capullo, era necesario para hacer que los fluidos contenidos en el cuerpo hinchado pasaran a las alas, de manera que éstas se hicieran lo suficientemente fuertes para volar. Sin esa lucha, las alas nunca se desarrollarían y la mariposa no podría volar. Así como la mariposa, tampoco nosotros podemos desarrollar la espiritualidad sin esfuerzo.

En una vida dedicada a la espiritualidad, a veces, podemos sentirnos desanimados. Amma nos dice que no nos abandonemos después de una caída, que nos levantemos y sigamos adelante. La caída no es tan importante, lo que es importante es el continuo esfuerzo por lograr el éxito.

La experiencia de Thomas Edison

Todos hemos oído hablar de los experimentos de Thomas Edison. En sus investigaciones para encontrar un filamento apropiado para la bombilla, experimentó con dos mil materiales diferentes. Cuando ninguno funcionó satisfactoriamente, su asistente se quejó:

—Todo nuestro trabajo ha sido en vano, no hemos aprendido nada.

—Bueno, hemos recorrido un largo camino y hemos aprendido mucho. Ahora sabemos que hay dos mil elementos que no podemos usar para hacer una buena bombilla —replicó Edison muy seguro de sí mismo.

Amma dice que solo un guru puede eliminar por completo nuestras vásanas. Eso puede significar que nosotros solo podemos llegar hasta cierto punto con nuestros esfuerzos, y luego, la Guru tiene que revelarnos la Verdad trascendente a través de su gracia; o bien que la Guru sacará todo lo que hay en las profundidades de nuestra mente para que lo veamos, y entonces, podamos trabajar sobre ello. Debemos hacernos conscientes de todo lo que hay ahí para poder limpiar nuestra casa. Tenemos que hacer una limpieza verdaderamente profunda de nuestra mente. La mayoría estamos bastante ciegos respecto a lo que hay en ella. Podemos ver inmediatamente los defectos de las otras personas, o lo que nosotros pensamos que son defectos, pero estamos felizmente ajenos a los nuestros. Cristo dijo: «¿Y por qué miras la paja en el ojo de tu hermano, pero no consideras la viga en tu propio ojo?».

¿Cómo hará eso la Guru? Amma dice:

El guru creará obstáculos y penalidades para el discípulo. El discípulo debe superarlos todos por medio de una intensa sádhana. La espiritualidad no es para personas indolentes. Las dificultades en el plano de lo sutil son duras comparadas con las del mundo exterior. Pero nada debe temer aquel que dedica su vida a un sátguru.

El guru pondrá a prueba al discípulo de diversas formas. Solo aquel que esté dotado de una fuerte determinación, podrá soportar todas esas pruebas y continuar en el camino espiritual. Pero una vez que se hayan superado, la infinita Gracia del guru se derramará sobre el discípulo sin impedimento alguno. Todo lo que el guru hace es, únicamente, por el progreso espiritual del discípulo. Es absolutamente imposible para él actuar de otra manera. Amma está hablando de un sátguru no de cualquiera que se declare a sí mismo guru. Un verdadero maestro espiritual, en ocasiones, puede que incluso se comporte de un modo extraño. Puede enfadarse con el discípulo sin una razón en particular, regañarle y culparle de errores que no ha cometido. Pero esa aparentemente extraña conducta, no se debe a que el guru esté enfadado con el alumno. Ese es el método del guru para enseñarle a entregarse, paciencia y aceptación.

Por lo que parece, la aparición de oleadas de vásanas no tiene fin. Nunca podremos saciarlas siendo complacientes con ellas. Solo quedarán más profundamente enraizadas por la repetición. Una sola línea dibujada sobre un papel con un lápiz se puede borrar fácilmente con una goma, pero si la línea es dibujada muchas veces sobre sí misma, borrarla será más y más difícil. Una cierta cantidad de disfrute y de experiencia del mundo ayudará a satisfacer nuestros deseos y hábitos, pero al mismo tiempo debemos recordar que solo el autocontrol y el discernimiento entre lo que es real y lo que solo parece real (pero en verdad no es más que nuestro propio capricho), los arrancarán de raíz por completo. La Guru puede dar al discípulo o la discípula sinceros ciertas oportunidades para reducir sus vásanas, pero ella sabe cuándo poner fin a ese proceso y hacer que lleguen más lejos en su evolución. Maya hace imposible que entendamos verdaderamente nuestras dificultades.

El amor del Guru

—Maestro, por mucho que intento controlarla, mi mente se desvía hacia los placeres de este mundo. A menudo pienso en abandonarte sin decírtelo, pero mi amor por ti me impide dar un paso tan falto de gratitud. Mi señor, ¿qué debo hacer? Por favor, guíame.

Así suplicaba un devoto a su guru cuando solo hacía un mes que había entrado en su áshram.

—Hijo, también yo he estado observando tu intensa batalla interior. Los deseos profundamente arraigados son duros de conquistar. Pero no temas. Ve al mundo. Lleva la vida de un seglar por algún tiempo y satisface los anhelos de tu mente. Pero durante todo el tiempo fija tu mente en los Pies de Loto del Señor. Nunca pierdas de vista tu meta. Vuelve después de diez años. No permanezcas durante más tiempo.

El devoto se despidió de su guru. Se marchó a su ciudad, se casó y se estableció en la vida familiar. Había servido a su guru con el corazón y el alma, y se había ganado su gracia: el éxito le esperaba. En poco tiempo fue uno de los hombres más prósperos de la ciudad, con una amante esposa e hijos adorables.

Diez años pasaron volando.

Un mendigo apareció ante la puerta de la casa del devoto. Al ver su descuidado aspecto los niños, asustados, salieron corriendo hacia el interior de la casa. Su esposa cubrió de insultos al sadhu que permanecía impasible y quería ver al dueño de la casa. El esposo de la mujer reconoció a su guru. Solemnemente dio la bienvenida a su antiguo maestro y le ofreció asiento.

—Bien, han pasado diez años, ¿has quedado satisfecho ya?

—He disfrutado de todo lo que el mundo tiene para dar, Gurudev. Podría haberme retirado para regresar nuevamente al áshram, pero ¿cómo podría dejar desamparados a mis hijitos?

Por favor, permite que me quede unos pocos años más, que los eduque y los vea establecidos en la vida. Entonces, con certeza, que me reuniré contigo.

Volando pasaron diez años más.

Esa vez fue un hombre de avanzada edad el que salió a dar la bienvenida al sadhu. Su esposa ya había partido de este mundo. Sus hijos eran jóvenes que ahora ya tenían sus propias familias.

—Mi querido guru —dijo—, es cierto que he cumplido todos mis deberes como seglar. Ahora todos mis hijos son adultos y prosperan en la vida. Pero todavía son jóvenes, están a merced de los placeres del mundo y no tienen sentido de la responsabilidad. Dejados a sí mismos malgastarían toda la riqueza ganada con el duro trabajo de su padre y morirían de hambre. Tengo que planificar el presupuesto de sus familias y guiar sus acciones. Por favor, permite que permanezca aquí por unos pocos años más, hasta que hayan entrado de lleno en la vida adulta y asuman las responsabilidades de sus hogares. Después, definitivamente, me retiraré para ingresar en el áshram.

Siete años volaron después de eso.

El guru regresó para ver a su discípulo.

Un perro enorme estaba guardando la puerta. Lo reconoció, era el devoto. Entró en la casa y se enteró de que había muerto dos años atrás. Era tal su apego a la familia que escogió nacer como perro guardián de su casa y sus hijos. El guru penetró en el alma del perro.

—Bien, ahora, hijo, ¿estás preparado para seguirme?

—Con seguridad de aquí a un par de años más, mi guru —replicó el perro—. Mis hijos ahora están en la cumbre de su buena fortuna y prosperidad, pero tienen varios enemigos envidiosos.

En un par de años estarán libres de miedos y preocupaciones. Entonces correré a tu áshram.

Transcurrieron diez años más.

El sadhu regresó a la casa. También el perro había muerto. A través de su visión intuitiva vio que su discípulo había adoptado la forma de una cobra venenosa y estaba viviendo bajo la casa. El guru decidió que ya había llegado el momento de liberarle de la ilusión.

—Hermano —le dijo al nieto—, hay una cobra venenosa bajo tu casa. Es una serpiente peligrosa. Con suavidad sácala de ahí. Por favor, no la mates, dale un buen golpe, rompe su espalda y tráemela.

El joven miró debajo de la casa y quedó asombrado al ver que las palabras del sadhu eran ciertas. Reunió a todos los jóvenes de la casa y empezaron a golpear a la cobra. Tal como el sadhu había pedido, no la mataron, pero la hirieron lo suficiente como para que no pudiera moverse. El sadhu, cariñosamente, acarició su cabeza y luego, poniéndosela alrededor de sus hombros, se despidió de los nietos. También ellos estaban muy felices por haber sido milagrosamente salvados de la venenosa criatura.

En el camino de regreso al áshram, el guru le dijo a la cobra:

—Querido hijo, hasta ahora nadie ha podido satisfacer sus sentidos y su mente. Los deseos son insaciables. Antes de que uno haya desaparecido, ya una docena más han brotado de la nada. El discernimiento es tu único refugio. ¡Despierta! Al menos en tu próximo nacimiento debes alcanzar la Realidad Suprema.

—Gurudev —lloró amargamente el devoto—, qué misericordioso eres. A pesar de que yo he demostrado ser un ingrato contigo, tú siempre, gentilmente, me has seguido, nunca me has perdido de vista y me has guiado de regreso a tus pies de loto.

Ciertamente no hay nadie en el mundo entero que esté tan lleno de amor divino como un guru, no hay amor desinteresado en el mundo, salvo entre un verdadero guru y su discípulo.

El verdadero guru es Dios. Él está en nuestro interior en todos nuestros nacimientos, y se manifiesta como el Maestro cuando estamos preparados para regresar a nuestra Fuete. El guru nos atraerá hacia Él mismo y desarrollará una profunda y duradera relación. Pero esa relación es diferente a la relación que hay entre dos personas. Esa es una relación entre Dios y el alma. Él provocará la transformación del discípulo sincero de una manera o de otra, y poniendo fin a su deambular, le despertará a su Verdadera Naturaleza como Pura Conciencia.

Capítulo once

Ser testigo

Grandes personalidades como Amma nos dicen que debemos usar nuestra mente con inteligencia, no solo para mejorar en los asuntos mundanos, sino también para ir mucho más allá de nuestro estado presente como animales, hasta alcanzar el estado de Divinidad, el estado más allá de la ordinaria mente pensante. Amma dice que la humanidad es capaz de experimentar paz mental permanente, dicha eterna, satisfacción perfecta y unidad con la Causa Universal, *Satchidananda Brahman* o Dios. No solo somos todos hijos de Dios, sino también, perfectas manifestaciones de Eso. Somos como olas en la superficie del mar, que es su fuente y su fundamento. Cuando la ola se hunde en el mar se transforma en el mar mismo. A través de la sádhana y de la Gracia Divina, podemos experimentar nuestra omnisciente y omnipotente naturaleza. Cuando lo conseguimos nos transformamos en almas Iluminadas o *Jñanis*.

Amma dice:

> Hijos, el verdadero propósito de la vida es llegar a establecerse en la actitud del testigo. Podéis trabajar y usar vuestra mente y vuestro intelecto, podéis vivir en una casa y tener una familia, podéis tener un montón de responsabilidades familiares y muchas obligaciones públicas que desempeñar, pero una vez que estéis establecidos en eso, en el verdadero Centro, podréis

hacerlo todo sin apartaros de ese Centro. Estar en ese estado no significa que permaneceréis ociosos sin atender a vuestros deberes. Puede que estéis preocupados por los estudios de vuestros hijos, la salud de vuestros padres y vuestra esposa o esposo y demás asuntos, pero aun en medio de todos esos problemas permaneceréis como testigo de todo cuanto suceda y cuanto hagáis. En vuestro interior permaneceréis imperturbables, en perfecta calma.

Mientras un actor interpreta el papel del villano en una película, puede que dispare a su enemigo, se enfade, sea cruel y traicionero, pero en su interior ¿realmente está enfadado o es cruel?, ¿está haciendo, verdaderamente, esas cosas? Por supuesto que no, solo es testigo de todo lo que hace. Mentalmente permanece apartado y actúa sin involucrarse o ser afectado por ello. No está identificado con lo que su cuerpo expresa externamente. De la misma manera, aquel que está establecido en el estado de ser testigo, permanece inconmovible e imperturbable bajo todas las circunstancias.

Tener la actitud de un testigo es algo que cualquiera puede practicar. Es cuestión de hacer un esfuerzo constante y consciente. Donde quiera que sintamos que nuestra calma habitual está dando paso a la ira, al resentimiento, al miedo o al deseo, intentad permanecer centrados en vuestro corazón; parad y proceded con cautela. No os precipitéis. Practicad el desapego y no reaccionéis.

Thomas Jefferson dijo que si estabas enfadado, contaras hasta diez antes de decir nada. Si estás muy enfadado, cuenta hasta cien.

No andes por ahí quejándote de que algunas personas se enfadan contigo, te critican y te regañan. Deja, incluso, que te sermoneen cuando te critican. Simplemente guarda silencio, intenta permanecer en calma. Tu serenidad desarmará a la otra persona. Cuando reaccionas o devuelves el ataque, das a entender que has aceptado lo que la otra persona ha dicho sobre ti, y entonces, aún dirá más cosas. No hay forma de llegar a un acuerdo en ese tipo de discusión y el resultado final es la humillación, la ira, el odio, la venganza y cosas así. ¿Por qué os involucráis en procesos tan autodestructivos? Guardad silencio, no hagáis nada. O bien, si queréis aceptarlo, recibidlo como un regalo de Dios. Si sois inflexibles y estáis empeñados en recibirlo solo como un desafío malévolo, nadie puede salvaros del desastre final, ni siquiera Dios.

Amma

Qué hacer ante las críticas

En una ocasión un político hizo el mejor trabajo que podía hacer, pero siendo humano, cometió errores y fue criticado. Los periodistas insistían en sus errores en la prensa. El político llegó a sentirse tan molesto que se fue al campo a visitar a un querido amigo que era granjero.

—¿Qué voy a hacer? —gritó— Lo he intentado con todas mis fuerzas, nadie se ha esforzado más que yo por hacer más cosas buenas para más personas, ¡y mira cómo me critican!

Pero el viejo granjero apenas podía oír las quejas de su acosado amigo porque su perro de caza estaba ladrando a la luna llena.

El granjero regañó a su perro, pero el perro siguió ladrando. Al final, el granjero le dijo al político:

—¿Quieres saber qué debes hacer con tus injustos críticos? Aquí lo tienes. Escucha a ese perro. Ahora, mira la luna y recuerda que, como el perro, la gente seguirá gritándote, te mordisqueará los talones y te criticará, mas he aquí la lección: ¡El perro sigue ladrando, pero la luna sigue brillando!

Eso puede parecer imposible al principio, pero una victoria conducirá a otra. Lo que debemos hacer es ser constantes y desarrollar nuestra fuerza de voluntad a través del esfuerzo repetido. Amma da una enorme importancia al esfuerzo personal. Finalmente, alcanzaremos el éxito y conseguiremos permanecer como testigos perfectos, incluso, bajo las circunstancias más difíciles. Sin embargo, por más éxito que tengamos no debemos perder nuestra humildad. Quizá deberíamos llamar a esa práctica «Ser testigo con devoción». Siempre debemos tener en mente que nuestro éxito en cualquier cosa, nuestro conocimiento y nuestra comprensión, se deben todos a la Gracia de nuestra Guru o de Dios. Una persona verdaderamente grande es una persona humilde.

La humildad de Sócrates

Se dice que el Oráculo de Delfos declaró a Sócrates el hombre más sabio sobre la Tierra. Por ello, algunos de sus discípulos se dirigieron a él para decirle:

—Debes estar feliz, el Oráculo ha dicho que eres el hombre más sabio sobre la Tierra.

—Debe haber algún error. ¿Cómo puedo ser el más sabio? Sólo sé una cosa, que no sé nada, así que debe haber habido algún error. Regresad y decídselo al Oráculo —dijo Sócrates riéndose.

Regresaron y le dijeron al Oráculo:

—El propio Sócrates ha negado tu afirmación, así que en algún lugar tiene que haber un error. Dice que no es sabio y que solo sabe que no sabe nada.

—Justamente por eso le he declarado el hombre más sabio, porque solo el más sabio diría una cosa así —contestó el Oráculo.

Solo los tontos afirman ser geniales. El principio de la verdadera sabiduría es darse cuenta de que no se sabe nada. Solo entonces se está en posición de poder, realmente, aprender algo.

Un joven artista

Un joven artista independiente intentaba vender sus bocetos a algún periódico. Todos lo rechazaban. Un editor de Kansas City le dijo que no tenía talento. Pero él tenía fe en sus capacidades y siguió intentando vender sus trabajos. Finalmente, consiguió un trabajo haciendo dibujos para el material publicitario de una iglesia. Alquiló un garaje infestado de ratones donde realizar sus bocetos y continuar creando dibujos de forma independiente, con la esperanza de que alguien los comprara.

Uno de los ratones del garaje debió inspirarle porque creó un personaje de dibujos animados llamado Mickey Mouse. ¡Walt Disney estaba de camino!

Para desarrollar esa clase de fuerza de voluntad y alcanzar el estado en el que se es capaz de permanecer como testigo, son esenciales otras sádhanas. En este momento, la mayoría tenemos mentes dispersas y distraídas, por ello nuestras mentes son débiles. Coged un hilo fino y tirad de él por ambos extremos, fácilmente se romperá. Pero si retorcemos varios hilos juntos formando una cuerda, podremos levantar objetos pesados con él. De manera similar, cuando hay muchos pensamientos diferentes en la mente, cada uno de ellos es débil. Pero si podemos unirlos en un solo pensamiento, la mente se hará muy fuerte y poderosa, y experimentaremos una paz creciente. Ese es el propósito de repetir un mantra. Paulatinamente, reducirá muchos pensamientos a uno solo. Desde ahí es fácil cortar todo pensamiento.

Mientras hacemos eso, en realidad, mientras llevamos a cabo cualquier práctica cuyo objetivo es aquietar la mente, podemos cansarnos y quedar decepcionados ante la terquedad de la mente. A veces, con solo hacer mucho japa se acalla la mente, de hecho, eso ocurre bastante. Relajaos, tomad las cosas con calma por algún tiempo. No hay necesidad de morir en el intento para alcanzar la Iluminación. A decir verdad, el sobreesfuerzo puede provocar un estado mental depresivo; es como levantar demasiado peso con un músculo que no está desarrollado.

Antonio del Desierto

Un día el gran monje Antonio del Desierto se encontraba fuera de su cabaña descansando tranquilamente con sus discípulos, cuando pasó por allí un cazador. El cazador se sorprendió al ver a Antonio tan relajado y le despreció por ser tan despreocupado. Esa no era su idea de lo que un monje santo debía estar haciendo.

—Tensa tu arco y lanza una flecha —le contestó Antonio.

El cazador así lo hizo.

—Ténsalo otra vez y dispara otra flecha —volvió a decir Antonio.

Así lo hizo el cazador, una y otra vez.

—Hermano Antonio, si mantengo mi arco siempre tenso, se romperá —dijo al fin el cazador.

—Así es con el monje —replicó Antonio—. Si nos presionamos a nosotros mismos más allá de toda medida, nos romperemos. De vez en cuando, está bien relajar nuestros esfuerzos.

Cuando estemos con Amma, permitámonos olvidar nuestros problemas mundanos e incluso espirituales. A veces la preocupación por nuestros problemas nos ciega a su Divina Presencia. Permitámonos disfrutar de la dichosa y sanadora presencia que irradia a todo su alrededor. Cuántas personas han comentado cuánto alivio, tanto físico como mental, sienten cuando están cerca de ella. Lancémonos al Mar de Dicha que es Amma, y saldremos de él frescos y preparados para continuar el viaje de regreso a Casa

Capítulo doce

Anhelar a Dios

Aparta la oscuridad de la ignorancia pensando en Dios con un corazón ardiente.
Debe haber entrega total a Aquel que en el interior adopta la forma de la propia alma.

Amma

Queremos ser felices, pero muchos de nosotros no buscamos la felicidad donde los sabios dicen que está. Por supuesto que todos hemos encontrado felicidad en la espiritualidad, al menos hasta cierto grado. Por lo que hemos oído sabemos que somos la Luz Suprema, pero la mayoría, ni lo sentimos, ni lo vemos. No tenemos la experiencia directa de la Realidad, *Aparokshanubhuti*. Esa puede ser una etapa muy frustrante en nuestro viaje de regreso a Dios. Hay un dicho según el cual solo hay dos tipos de personas sin preocupaciones y felices en este mundo: aquellas que son completamente ignorantes y las que son completamente sabias. A todas las demás les cuesta esfuerzo.

Debido a que no tenemos esa dicha interior, seguimos anhelando ser felices. Anhelamos ser felices a través de cualquier medio que haya disponible, pero luego nos sentimos apenados porque lo que pensábamos que iba a hacernos felices, después de algún tiempo, ya no nos hace. Ese es el misterio que llamamos vida.

Amma dice que si anheláramos la felicidad más elevada, nunca quedaríamos decepcionados. Pero no debemos parar hasta que alcancemos la meta. Generalmente lo hacemos así en relación a nuestros objetivos mundanos: lo seguimos intentando hasta que tenemos éxito. Las *Upanishads* nos dicen: «¡Arriba, despierta, no pares hasta que alcances la meta!». Ese es un consejo muy inspirador y debemos tenerlo en mente a lo largo de nuestra vida. Debemos aplicarlo a nuestra vida espiritual también.

No seremos liberados de esa adormecedora oscuridad que produce la ignorancia, hasta que no demos un grito a pleno pulmón, como un bebé que verdaderamente llama a su madre. Una madre llama a su hijo para que venga a casa a comer, pero el niño está demasiado ocupado jugando como para oírla. La madre lo llama una y otra vez en vano. Finalmente lo deja. Después de un rato, el niño siente hambre de verdad y grita para que la madre lo lleve a casa. Ese grito parece ser el precursor del conocimiento de Dios, el intenso grito clamando a Dios o el esfuerzo para alcanzar la Realidad. Debemos ser capaces de gritar clamando a Dios como hizo Amma:

> ¡Oh, Madre!, se me parte el corazón por el dolor de la separación, ¿por qué tu corazón no se conmueve al ver este río de lágrimas sin fin? ¡Oh, Madre!, muchas Grandes Almas Te han adorado y así han logrado tu Visión y han devenido eternamente una Contigo. ¡Oh, Querida Madre!, por favor, abre la puerta de tu compasivo corazón a esta humilde sierva tuya. Estoy asfixiándome como alguien que se ahoga. Si no estás dispuesta a venir a mí, entonces, por favor, pon fin a mi vida.
>
> ¡Oh, Madre…! aquí está tu hija a punto de morir ahogada en una inmensa aflicción… este corazón se está rompiendo… estos miembros flaquean… me

convulsiono como un pez lanzado a la playa... ¡Oh, Madre!, no tienes compasión de mí... Nada me queda para ofrecerte excepto el último aliento de mi vida.

Amma

Por lo que parece, ese tipo de intensidad en el sentimiento y de concentración, son necesarios para romper la ilusión de Maya. Nada que pertenezca a la creación puede destruir Maya. Será parte del drama. Únicamente la calma absoluta de una mente centrada en Dios, puede romper la rueda o despertarnos de nuestro profundo sueño. En ese estado, se experimentará la verdad de que todo es uno. Ese es el momento de la liberación de todo sufrimiento y del logro de la dicha.

Debe haber entrega total a Aquel que en el interior adopta la forma de la propia alma.

Amma

No creas que Dios está en algún lugar separado de ti. Ese Ser te sustenta, es tu fuente de energía e inteligencia. Debemos intentar comprender qué significa «rendirse», «entregarse». Se resume en las palabras de Amma: «No te preocupes, Amma está contigo». En otras palabras: guía tu vida cotidiana, actuando según las diferentes situaciones, lo mejor que tu inteligencia te permita, aceptando los resultados como la voluntad de Dios y estando en paz, tanto en el placer, como en el dolor. Como el señor Krishna dice en la *Bhágavad Guita*:

En verdad que esa Divina Ilusión de Mí Mismo, hecha de gunas o cualidades de la Naturaleza, es difícil de superar. Pero quienquiera que me busque únicamente a Mí, atravesará esa Ilusión.

Cap. 7, v.14

Liberados de la pasión, del miedo y de la ira, absortos en Mí, refugiándose en Mí, purificados por el fuego (tapas) de la sabiduría, muchos han alcanzado mi Ser.

Cap. 4, v.10

Esa Meta debe ser buscada, ese lugar al que cuando se ha ido, ya nunca se regresa. Busco refugio en el Ser Primigenio del que todo emergió desde Tiempo Inmemorial.

Cap. 15, v.4

El Señor habita en los corazones de todos los seres, ¡Oh Árjuna!, haciendo girar a todos los seres a través de Maya (como si estuvieran) montados en una máquina.

Vuela hacia Él para refugiarte con todo tu ser, ¡Oh Bhárata!; por su Gracia obtendrás la paz suprema (y) el lugar del eterno descanso

Cap. 18, v.61-62

Capítulo trece

Ser inocentes como niños, pero no ser infantiles

Devota: Amma dice que debemos desarrollar una naturaleza como la de los niños, pero cuando lo hago, parece que me meto en un montón de problemas con las demás personas, que desaprueban mis acciones y mis palabras faltas de madurez. ¿Estoy haciendo algo mal?

Amma: Tenemos que volvernos tan inocentes como un niño. Las niñas y los niños pequeños tienen ciertas cualidades que las personas adultas deben desarrollar para progresar espiritualmente. Pero también tienen ciertas características que, definitivamente, no se deben adquirir si se quiere ser feliz. Eso se debe a que no tienen desarrollada la facultad del intelecto, la cual normalmente debería madurar con la edad. Las personas adultas crecen físicamente, pero algunas continúan infantilizadas.

Primero consideremos los atributos que no se deben adquirir:

Egoísmo: La mayoría de los niños son sumamente egoístas. Solo tienen en cuenta lo que ellos quieren y llorarán, agarrarán pataletas y se enfadarán mucho si no pueden conseguirlo. Esa es una característica infantil que las personas adultas no deben tener, aunque muchas, desde luego, la tienen. Eso es porque, como

Amma dice, aunque sus cuerpos han crecido, sus intelectos no han madurado.

Falta de discernimiento: Los niños dicen y hacen muchas cosas sin sentido, sin pensar en las consecuencias. En otras palabras, no tienen demasiada capacidad para discernir qué debe y qué no debe decirse y hacerse.

Irresponsabilidad: No tienen sentido de la responsabilidad y hacen lo que les apetece hacer. No tienen sentido del deber, ni de la propiedad.

> Hijos, una madre tiene que tener mucha paciencia cuando está criando a sus hijos e hijas. Tiene que moldear el carácter de los niños. El niño aprende sus primeras lecciones sobre el amor y la paciencia de su madre. Ésta no puede simplemente hablar sobre el amor y la paciencia y esperar que su hijo o hija adquieran esas cualidades. No, eso es imposible. Ella tiene que dar ejemplo de amor y paciencia practicando esas cualidades en todo lo que hace con sus hijos.
>
> Un niño puede ser muy terco e intransigente, por supuesto, pero esa es la naturaleza de la mayoría de los niños y niñas dado que sus mentes no están desarrolladas completamente. Preocupados solo por sus propias necesidades, pueden ser muy egoístas y testarudos. Pero eso es tolerable porque no es contrario a las leyes de la naturaleza. Pero que una madre se obstine y se impaciente es muy dañino. Eso creará un infierno. Una madre debe ser paciente, paciente como la tierra.
>
> El padre está tan involucrado en la crianza de los hijos como la madre. Un padre también debe tener paciencia.

Cuando un padre pierde la paciencia, acaba con la inocente y confiada vida del hijo. Él o ella crecerán siendo impacientes y tercos, sin haber experimentado nunca qué significaba ser paciente dado que nadie les demostró qué era eso. Socialmente, ese niño o niña tendrá dificultades. Los amigos no serán pacientes; no podremos esperar que los novios y las novias tengan paciencia. La sociedad no va a ser paciente con una chica o un chico impaciente. Los niños no tendrán la oportunidad de aprender paciencia y amor de nadie si no aprenden esas cualidades de sus padres.

Los niños expresan lo que se les enseña y lo que han experimentado mientras crecían. Por lo tanto, debéis ser muy cuidadosos y cautos por el bien de vuestros hijos. Tened cuidado con lo que decís, tened cuidado con lo que hacéis, porque cada palabra que pronunciáis y cada acción que realizáis, crea una impresión profunda en la mente de vuestro hijo o hija, impresión que va a lo profundo de su corazón porque esas son las primeras cosas que ve y oye. Son las primeras impresiones indeleblemente impresas en su mente. La madre es la primera persona con quien el niño tiene contacto, después viene el padre, después los hermanos y hermanas mayores. Todas las demás relaciones vienen más tarde en la vida. Por lo tanto, delante de vuestros hijos, ejercitad el control de la mente. Cread para ellos un buen ambiente en el hogar, en el que puedan crecer. De lo contrario, tendréis muchos problemas en el futuro.

Las cualidades de los niños que Amma nos anima a desarrollar son:

Vivir en el presente: Rara vez los niños piensan en el pasado o el futuro. Están absorbidos por el presente y así, salvo que sus circunstancias sean dolorosas, siempre están despreocupados y felices. La carga de preocupaciones parece ser una cualidad de los adultos.

Igualdad hacia todos: Un niño no juzga a las personas. Un hombre o una mujer, cualquiera que sea su color, religión, nacionalidad, si es rico o pobre, joven o viejo, todo ello es lo mismo a los ojos de un niñito. Generalmente los niños confían en cualquiera y no temen a nadie.

Ausencia de fuerte apego hacia nada: Un niño puede estar jugando con un juguete y dar la impresión de que lo quiere mucho, pero al momento siguiente puede dejarlo por un nuevo juguete. Incluso si se les quita algo, la pena que sienten es efímera. También puede ocurrirles algo similar en sus relaciones con las personas, excepto en el caso de los parientes más cercanos como son la madre o el padre, la hermana o el hermano.

Ausencia de atracción sexual: No sienten atracción sexual ni tienen sentido de diferenciación basado en el sexo. Todas las mujeres son mami, todos los hombres son papi. No son víctimas de esas cosas que confunden a las personas adultas. Viven en su propio mundo de dicha, simplicidad e inocencia.

Su enfado es pasajero: Su ira dura solo un breve período de tiempo. No guardarán rencor contra nadie por mucho tiempo, a diferencia de los adultos. No consideran a las personas malvadas, incluso aunque lo sean. Se dice que el Rey Yudhísthira, famoso en el Mahabhárata, no tenía enemigos y no veía a nadie malvado, aun cuando miles de personas intentaron matarlo durante la guerra. Su primo Duryódhana, solo veía el mal en las personas y era incapaz de ver lo bueno en los otros.

Capacidad de asombro y espontaneidad: Un niñito se encontraba en un pueblo, lejos de la gran ciudad, por primera vez en su vida. Estaba parado a la orilla del camino cuando llegó un viejo en un coche de caballos y entró en una tienda. El niño se quedó maravillado ante el caballo, al que no dejaba de mirar, un animal que nunca antes en su vida había visto. Cuando el viejo salió de la tienda y se preparaba para partir, el niño dijo: «¡Eh, señor!, tengo que advertirle de que acaba de perder gasolina».

En la calle, en un puesto de fruta, había una niñita con la piel de un plátano en la mano:

—¿Qué quieres, cielo? —le preguntó el vendedor.

— Que me lo rellene —fue la respuesta.

Capítulo catorce

El trabajo debe transformarse en una forma de adoración

Muchos devotos y devotas se sienten incapaces de encontrar el tiempo suficiente para hacer más práctica espiritual, ya sea debido a que tienen una vida muy ocupada, o bien a la falta de fuerza de voluntad. Algunos también sienten que el trabajo les dispersa. Se sienten divididos entre dos mundos, el espiritual, del que en cierta medida disfrutan en casa o en el áshram, y el mundo del trabajo de cada día. El contraste es demasiado para ellos. Amma dice: «Hijos, transformad todas vuestras acciones en alabanzas a Dios». Pero, siendo realistas, ¿es eso si quiera posible?

Algunas personas alcanzan la paz por medio de una práctica intensa de meditación y una vida en soledad. Otras, la logran mediante el recuerdo constante de Dios o la Guru mientras llevan a cabo todas sus acciones. Ambas cosas son difíciles. Después de todo, poner bajo control a la mente inestable no es tarea fácil.

Para que nuestro trabajo se transforme en adoración necesitamos desarrollar, en otros momentos, el estado mental propio de la devoción. Nada más despertarnos por la mañana debemos, inmediatamente, todavía sentados en la cama, meditar y rezar por un momento, en lugar de correr a toda prisa hacia el cuarto de aseo o la cocina o a leer el periódico. Cuando recemos, podemos pedirle a Dios que acepte todas las acciones del día como una forma de alabanza a Él, y podemos pedirle que nuestra mente fluya hacia Él como el Ganges fluye hacia el mar. A lo largo del día podemos hacer *japa* en el camino de casa al trabajo y del trabajo a casa. Después de llegar a casa, de acabar de cenar y de pasar algún tiempo con la familia, debemos dedicar un tiempo a leer la *Bhágavad Guita* y el *Shrímad Bhágavatam*. O bien, podemos leer las enseñanzas de nuestra Guru. Si es posible, podemos cantar algunos bhajans y recitar algunas oraciones. Antes de acostarnos y dormirnos, pedimos perdón a Dios por cualquier error que hayamos cometido durante el día y pedimos que nuestro sueño sea una larga postración ante Él.

Una vez al mes podemos pasar el día entero haciendo sádhana, ya sea en casa, o mejor aún, lejos de casa en algún lugar hermoso y apartado. Puedo hablar por mí mismo. Cuando vivía en Berkeley, antes de partir para ir a la India en 1968, solía pasar mucho tiempo en las colinas, lejos de la gente, estudiando, meditando y rezando. Me ayudó muchísimo.

> La soledad es esencial. Necesitamos pasar tiempo haciendo sádhana exclusivamente, para purificar nuestras mentes a través de la liberación de los vásanas nocivos que hemos acumulado en el pasado. La soledad impedirá que la mente se distraiga, y de ese modo, se volverá hacia el interior.
>
> Amma

De esa forma, poco a poco, un flujo constante del recuerdo de Dios y de paz empezarán a impregnar nuestra existencia cotidiana. Nos haremos conscientes de los pensamientos y acciones que arruinan nuestra paz, así que intentaremos cambiar nuestros hábitos. Empezaremos a sentirnos en paz incluso en situaciones estresantes. Las cosas no nos alterarán como solían hacerlo. Nos volveremos mucho menos reactivos, seremos más un testigo, un espectador, en lugar de alguien que está siempre reaccionando, yendo arriba y abajo con cada placer y dolor.

Aquellos que elijan la soledad en lugar de la vida en el mundo, también tendrán que ocuparse de sus vásanas negativas. Los mahatmas dicen que las vásanas o hábitos son el principal obstáculo para experimentar la paz que se oculta en nuestro interior, detrás de la mente consciente. El problema es que la mayoría de ellos son invisibles y desconocidos para nosotros, encontrándose, como lo hacen, en la mente subconsciente. Mediante la meditación prolongada y profunda, finalmente saldrán a la superficie, nos haremos conscientes de ellas y daremos los pasos necesarios para destruirlas. Parece ser que la vía seguida por el yogui en la soledad de la cueva es mucho más lenta y dolorosa que la de aquél que se esfuerza por recordar a Dios en todo momento y bajo toda circunstancia, las vásanas del cual serán puestas al descubierto cuando se presenten las circunstancias que las hagan aflorar. Así que los que hagan sádhana intensamente, mientras están en el mundo, conseguirán agotar sus vásanas con más rapidez, gradualmente y de una forma natural, debido a esa interacción con el mundo.

Cuando vivimos en el mundo, o con otras personas, se nos presentan muchas oportunidades para eliminar la ira, uno de los hábitos más comunes, poderosos y destructivos. ¿Cómo se podría saber hasta dónde llega nuestra ira latente, sentados solos en una cueva?

Muy al principio de mi vida espiritual, vi algo que dejó en mí una impresión para toda la vida. Acababa de llegar a Arunáchala, en cuyo áshram un devoto de avanzada edad se ofreció a enseñarme los lugares sagrados de allí y de los alrededores de Tiruvánnamalai. Vimos muchas cuevas en la Colina Sagrada y también algunos templos pequeños. Luego fuimos a una cueva situada en la llamada colina de Pazhavakunram donde un yogui había vivido, y aún vivía, por muchos años. Estábamos a cierta distancia de la cueva cuando un pastor se acercó con unas pocas cabras. De repente, el yogui salió corriendo de la cueva enfurecido y se puso a gritarle al pastor diciéndole que ¡mataría a todas las cabras si no dejaba de venir por allí e interrumpir su meditación!

Esa demostración de ira por parte de una persona que había estado durante años sentada en una cueva meditando, de verdad que me dejó impresionado. Me pareció que no era eso lo que yo deseaba hacer. Sin duda requería una gran cantidad de fuerza de voluntad, pero no parecía que hubiese debilitado la oscuridad oculta del ego.

Una persona devota, que desea la gracia de Dios, siempre debe cuidar lo que dice. Lo que se dice tiene mucho poder, no solo sobre aquellos que lo escuchan, sino también por igual, si no más, sobre aquellos que lo dicen. Puede purificar la atmósfera o contaminarla, y eso se aplica también a la propia mente.

Diamantes y sapos

Había una vez una mujer que tenía dos hijas. La mayor se parecía mucho a la madre, tanto físicamente como en sus maneras. Ambas eran tan antipáticas y orgullosas que era imposible vivir con ellas.

La menor se parecía al padre, era buena, afable y muy bonita. Como las personas por naturaleza aman a aquellos que se les parecen, la madre sentía un gran afecto por su hija mayor, al tiempo que la pequeña le resultaba muy desagradable. La obligaba a comer en el suelo de la cocina y a trabajar todo el tiempo. Algo así como La Cenicienta.

Entre otras cosas, esa pobre chiquilla estaba obligada a ir dos veces al día a llenar un gran cántaro de agua del manantial que había en el bosque, a más de tres kilómetros de la casa.

Un día, cuando llegó a la fuente, se le acercó una pobre mujer y le suplicó que le diera de beber.

—¡Pues claro que sí, señora! —dijo la dulce muchachita.

Cogió un poco de agua clara y fresca del manantial y sujetó el cántaro de forma que la mujer pudiera beber con facilidad. Cuando la mujer hubo acabado, le dijo:

—Eres tan dulce, querida mía, tan buena y amable, que no puedo sino hacerte un regalo.

Ahora bien, en realidad se trataba de un hada que había adoptado la forma de una pobre mujer de campo, para ver cómo esa muchacha la trataba.

—El regalo que te voy a hacer —continuó el hada— consiste en que con cada palabra que digas saldrá de tu boca, o bien una flor, o bien una joya.

Cuando la muchacha llegó a casa, su madre le riñó por haber estado tanto tiempo en el manantial.

—Mamá, perdóname —dijo la pobre chiquilla— por no darme más prisa.

Y a medida que iba hablando de su boca salieron tres rosas, dos perlas y dos grandes diamantes.

—¿Qué es lo que veo aquí? —preguntó su madre muy sorprendida— ¡Creo que estoy viendo salir perlas y diamantes de la boca de la muchacha! ¿Cómo puede ser eso posible, hija mía?

Esa era la primera vez que la llamaba «hija mía» y que le hablaba con cariño.

La pobre niña le contó a su madre todo lo que había pasado en la fuente con el regalo de la anciana. Todo el tiempo joyas y flores caían de sus labios.

—¡Eso es maravilloso! —gritó la madre— Tengo que enviar a mi otra hija a la fuente. Ven, hija, mira lo que sale de la boca de tu hermana cuando habla. ¿No estarías contenta si recibieses el mismo don? Todo lo que tienes que hacer es llevar el cántaro a la fuente del bosque. Cuando una pobre mujer te pida agua, dásela.

—¡Estaría bonito que yo hiciera semejante cosa! —dijo la egoísta muchacha— ¡No iré a buscar agua! Mi hermana puede darme sus joyas, ella no las necesita.

—Sí irás —dijo la madre— e irás ahora mismo.

Finalmente, la hija mayor fue refunfuñando y maldiciendo todo el camino, llevando consigo la mejor jarra de plata que había en la casa.

Apenas hubo llegado a la fuente, vio salir del bosque a una hermosa dama que se le acercó y le pidió de beber. Se trataba de la misma hada que se le había aparecido a su hermana, pero ahora había adoptado la forma de una princesa.

—No he venido hasta aquí para servirte a ti dándote agua —dijo la muchacha, orgullosa y egoísta—. ¿Te crees que he traído esta jarra de plata desde tan lejos justo para darte a ti de beber? Tú puedes sacar agua de la fuente tan bien como yo.

—No eres muy educada… —dijo el hada—. Puesto que eres tan grosera y antipática, el regalo que te hago es que cada vez que digas una palabra, sapos y serpientes saldrán de tu boca.

Tan pronto como la madre vio acercarse a su hija, empezó a gritarle:

—Y bien, mi querida hija, ¿viste al hada buena?

—Sí, madre —contestó la orgullosa muchacha.

Y al hablar, dos serpientes y dos sapos cayeron de su boca.

—¿Qué es eso que veo? —gritó la madre— ¿Qué has hecho?

La muchacha intentó contestar, pero a cada palabra, sapos y serpientes salían de sus labios.

Y así fue para siempre: joyas y flores caían de los labios de la hija menor, tan buena y amable como era; mientras que la mayor no podía decir ni una palabra sin soltar un montón de sapos y culebras.

Cuando hayamos conseguido despertar la corriente interior del recuerdo constante de Dios, sentiremos una extraordinaria quietud detrás de todos nuestros pensamientos y emociones. Incluso durante la realización de nuestras actividades, seremos capaces de sostenerla «con una mano», mientras que con la «otra mano», nos dedicaremos al trabajo. Poco a poco, nos iremos sintiendo desapegados de todas nuestras acciones y descansaremos en esa paz, incluso aunque estemos trabajando intensamente. De hecho, la meditación mientras se trabaja es una sádhana extremadamente efectiva. Nos transformaremos en alguien que es como un actor en el escenario, representando nuestro papel pero sin identificarnos con él. Entonces entenderemos el significado de las palabras de Shakespeare:

> Todo el mundo es un escenario,
> y todos los hombres y mujeres, meros actores;
> tienen sus salidas y entradas,
> y un hombre durante su vida interpreta muchos papeles,
> siendo sus actos en siete edades.

Luchar sin ira

Merece la pena detenerse a relatar lo que sucedió durante la vida de un rey que consiguió dedicar a Dios, incluso, sus batallas. Llevaba luchando contra un poderoso enemigo treinta años. Finalmente, un día llegó su oportunidad. El enemigo cayó del caballo y el rey se abalanzó sobre él con su lanza. En un segundo, la lanza atravesaría el corazón del hombre y todo habría acabado. Pero en ese intervalo diminuto, el enemigo hizo una cosa: escupió a la cara del rey. La lanza se detuvo, el rey tocó su cara, se levantó y le dijo al enemigo:

—Mañana empezaremos otra vez.

—¿Qué sucede? Hemos estado esperando este momento durante treinta años. He tenido la esperanza de que un día u otro atravesaría tu pecho con mi lanza y todo esto habría acabado. Esa oportunidad nunca se me presentó, pero ahora se te ha presentado a ti. Podrías haber acabado conmigo en este preciso instante, ¿qué pasa contigo? —preguntó el enemigo, desconcertado.

—Esta no ha sido una guerra cualquiera. Hice la promesa de que lucharía sin ira, y durante treinta años luché sin ira. Pero ahora, por un instante, la ira vino. Cuando me escupiste, lo tomé como algo personal y sentí la cólera. Quería matarte, el ego apareció. Hasta ahora, durante estos treinta años, no hubo problema alguno, luchábamos por una causa. No eras mi enemigo, no había nada personal, no estaba especialmente interesado en matarte. Solo quería que la causa prevaleciera. Pero, por un momento, olvidé la causa. Eras mi enemigo y quería matarte. Por eso no puedo matarte. Así que mañana empezaremos otra vez —contestó el rey.

Pero la guerra nunca volvió a empezar porque el enemigo se transformó en amigo:

—Ahora, enséñame. Sé mi maestro y déjame ser tu discípulo. También a mí me gustaría luchar sin ira —dijo.

La *Bhágavad Guita* enseña ese principio del no apego en la acción de manera clara y cristalina:

Comportándote por igual ante el placer y el dolor, la ganancia y la pérdida, la victoria y la derrota, prepárate para la batalla (de la vida).

Cap. 2, v.38

Por lo tanto, sin apego, realiza con constancia la acción que debe ser realizada. Pues actuando sin apego, el ser humano alcanza al Supremo.

Cap. 3, v.19

Entregándome a Mí toda acción, con tu pensamiento reposando en el Ser, libre de expectativas, libre de egoísmo, falto de pasión, debes luchar. Aquellos que con constancia practican esa enseñanza, con fe y sin queja, ellos también son liberados de las acciones.

Cap. 3, v.30-31

Con el cuerpo, con la mente, con el intelecto y también meramente con los sentidos, los yoguis llevan a cabo las acciones sin apego para la purificación de su ser. Aquel cuya mente es estable, abandonando el fruto de la acción, logra la paz que nace de la devoción. El inestable, apegado al fruto de la acción por medio del deseo, queda completamente encadenado.

Cap. 5, v.11-12

Estudiando las enseñanzas de un maestro o uniéndose a un ser tan grande como lo es Amma, alcanzamos la fe en que las enseñanzas espirituales son la verdad última. La verdadera naturaleza del ser individual, mucho más sutil que el cuerpo y la mente, es el más sutil de los principios, el de la indestructible conciencia, el *Atman* o «Yo». El Atman y su fuente, Brahman, La Suprema Realidad, son uno en esencia, como la chispa y el fuego. La espiritualidad es la forma de vida que está orientada hacia el propósito o meta última de la vida, que es el conocimiento o experiencia directa de la unidad del Atman con el Ser Supremo o Dios. Hasta que eso no es experimentado, el individuo continúa naciendo, cuerpo tras cuerpo, en el ciclo sin principio de nacimiento, muerte y renacimiento llamado *samsara*. La técnica para trascender la identificación con el complejo cuerpo-mente se llama Yoga, y se debe practicar hasta alcanzar la Liberación del samsara .

Cuida tu fe

Si pierdes tu fe, un penoso sentido de futilidad se propagará.

Amma

¿Cómo perdemos esa fe? En ocasiones, la fe se tambalea debido a la relación con personas o libros que promueven el puro materialismo. Perdemos nuestro camino o propósito espiritual y sentimos que solo el materialismo tiene sentido. Incluso el lugar en el que vivimos y la comida que comemos, pueden provocar un cambio como ese. Si seguimos el camino del materialismo, al final, quedaremos desilusionados, ya sea en esta vida o en otra futura, porque el alma individual o *jiva* nunca puede quedar satisfecha con el materialismo. ¿Por qué no? Porque somos, en esencia, espíritu temporalmente unido a un cuerpo. En esta inmensa Creación deambulamos constantemente buscando la felicidad duradera. Solo podemos alcanzar el estado de plenitud al fundirnos con nuestra fuente espiritual. Es por ello que Amma dice que, si pierdes tu camino, se apoderará de ti un penoso sentido de futilidad.

> Prestad atención a la esencia de lo que Amma aconseja y cultivad la pureza interior. Entonces, hijos, el Mundo Divino de Dicha Eterna, en adelante, brillará en vuestro interior.
>
> Amma

¿Cuál es la esencia de la enseñanza de Amma? Conocer el Ser. ¿Cómo abordar esa tarea? El primer paso consiste en cultivar la pureza interior. Bañando y manteniendo limpio el cuerpo, no lograremos la pureza interior. Si así fuera, patos y peces, tendrían mentes puras y serían todos santos. Pureza interior significa pureza de la mente. Todos sabemos qué son pensamientos puros e impuros. Los pensamientos puros nos proporcionan sentimientos de paz y felicidad. Los pensamientos impuros nos provocan agitación, inquietud e infelicidad. Debemos discernir entre ambos, rechazando esos últimos y cultivando los primeros. No es esa una tarea fácil. Debido al desconocimiento de la verdadera espiritualidad, hemos sido indulgentes con los pensamientos impuros y mundanos durante años. Toda práctica espiritual es para purificar la mente de pensamientos rajásicos y tamásicos y aumentar los sáttvicos. Toda sádhana es para eso. Finalmente, incluso los pensamientos sáttvicos deben ser rechazados para que despierte la Naturaleza Divina.

El Mundo Divino de la Dicha Eterna está en nuestro interior, es la naturaleza misma de la mente humana purificada. «El Reino de los Cielos está en ti», dijo Cristo. En cualquiera de los muchos mundos en los que podamos vivir, tendremos un sentimiento interior de alegría, de dicha y de paz inalterables y puras. Una mente inestable, eso es en sí mismo el infierno. Pero incluso si uno está verdaderamente en el infierno, una mente pura será dichosa, porque ese estado está más allá del dolor.

Un santo sufí

Mansur Al-Hallaj fue un famoso sufí del siglo X, torturado y ejecutado en el 922 D.C. por haber dicho «Ana al Haq», que significa «Yo soy la Verdad». Murió con una sonrisa en su rostro por haber conocido el Ser.

La *Bhágavad Guita* nos habla de ese estado:

Cuando, habiéndolo obtenido, uno no piensa que haya otra adquisición superior; cuando se está ahí establecido, uno ya no es perturbado ni por el sufrimiento más grande.

Esa separación de la unión con el sufrimiento, cuando se conoce, es llamada unión (Yoga). Ese Yoga debe ser practicado con determinación y con un corazón tenaz.

Abandonando sin reserva todos los deseos mundanos, controlando adecuadamente con la mente todos los sentidos en todas partes.

Poco a poco, déjale retirarse, a través de la razón (buddhi) sujeta con firmeza; manteniendo la mente establecida en el Ser, permítele no pensar en otra cosa.

Por cualquier causa la mente, errática e inestable, se distrae, por ello permítele controlarla y traerla de regreso, directamente, bajo el control del Ser.

La Dicha Suprema, ciertamente, llega a ese Yogui, cuya mente está muy tranquila, cuya pasión queda aquietada, que transformado en Brahman, es inmaculado.

De ese modo, siempre manteniendo el ser firme, el yogui, liberado de pecados, alcanza con facilidad la dicha infinita del contacto con (el Supremo) Brahman.

Cap. 6, v. 22-28

Capítulo quince

El gran poder de Maya

Maya, el Gran Poder de Ilusión, nos hace retroceder en el progreso espiritual. Pasamos nuestros días en la conciencia del cuerpo, con el corazón lleno de tristeza. Qué pena que el demonio del deseo, que nos afecta por medio de tentaciones ilusorias, nos empuje al oscuro abismo de Maya, convirtiéndonos en el alimento del dios de la Muerte. Si quedáis atrapados en sus garras, pobres de vosotros, porque perderéis vuestra alma. Todas las preocupaciones finalizarán solo si abandonáis vuestros deseos y ponéis vuestras esperanzas solo en Dios.

Amma

Maya, el Poder Divino de la Ilusión, siempre está tirando de nosotros hacia abajo, alejándonos del conocimiento de Dios, alejándonos de nuestra fuente, que es el Mar de la Dicha. Nos hace olvidar nuestro Ser Auténtico y hace que nos identifiquemos con la parte perecedera de nuestro ser, el cuerpo y la personalidad. Cuando eso ha sucedido, no sabemos qué es la verdadera felicidad. Entonces la buscamos incesantemente en los placeres de los sentidos y de la mente. Nuestra experiencia se convierte en un constante ir y venir del sufrimiento a la felicidad, sin fin, hasta la muerte. Parece que el único alivio lo tenemos en el sueño sin sueños. Ni siquiera la muerte es la solución de ese eterno problema. La misma ilusión persiste en el siguiente mundo, e incluso en el siguiente. Comprendiendo eso, y sabiendo que la única solución es la Liberación, debemos esforzarnos intensamente por lograrla.

Desgraciadamente, Maya hace que muchas cosas parezcan atractivas como posibles fuentes de placer y felicidad y nos ciega ante el lado feo de esas cosas, sus posibilidades o probabilidades dolorosas. Sobre todo, nos engaña la apariencia física. La belleza física atrae a cualquiera, aun cuando todos hemos oído la expresión: «No es oro todo lo que reluce». Una persona puede ir bien vestida, ser guapa, preciosa, pero ser un demonio interiormente. Si pudiéramos ver lo que hay bajo el exterior, no quedaríamos tan hechizados. Desafortunadamente, incluso después de una vida corriendo detrás de Maya no conseguimos la felicidad o la paz duraderas que deseamos. Seguimos haciendo una y otra vez las mismas cosas, como una vaca rumiando. Y, a diferencia de Amma, no podemos ver lo Imperecedero en lo perecedero por culpa de nuestra tosca visión.

Lo más extraño de todo es que incluso cuando oímos, entendemos y sabemos que eso es cierto, somos incapaces de ponernos en serio a hacer algo para arreglarlo. Incluso cuando iniciamos nuestro camino de regreso a la Verdad, nuestros viejos hábitos nos arrastran hacia atrás, una y otra vez, hacia el mar de samsara. Sentimos que las verdades espirituales son solo una meta deseable, pero no una verdad urgente. Somos como criaturas del fondo del mar, en absoluto interesadas en nadar hacia la superficie y disfrutar de la luz. Solo cuando nos demos cuenta de la tremenda gravedad de nuestra situación, haremos el esfuerzo necesario para escapar. Hasta entonces Amma seguirá diciendo: «Haced esto, hijos míos», y nosotros contestando: «Todavía no, Amma, todavía tengo otras cosas importantes que hacer».

El rico comerciante

Hubo una vez un rico comerciante que poseía muchas tiendas y almacenes. Entre su oficina y su casa había un pequeño templo de Shiva. En el camino de vuelta a casa, todas las noches, paraba allí para alabar al Señor y poner todas las preocupaciones a sus pies. Rezaba así:

—¡Oh!, Señor Shiva, estoy cansado de esta vida, las preocupaciones, el trabajo, las noches sin dormir. Por favor, libérame de todos esos problemas llevándome a tus Pies.

Esa era su oración de cada día. Sin embargo, llegaba al templo muy tarde después del trabajo y eso le preocupaba al sacerdote del templo. El templo tenía que cerrarse a las nueve de la noche, pero el comerciante solía aparecer después de las diez. Eso significaba que el sacerdote tenía que quedarse levantado hasta que el mercader se hubiese marchado, y no podía negarse a hacerlo, por temor a perder su trabajo, ya que aquel hombre era una persona muy influyente. Por eso, le rezaba al Señor pidiendo una forma de acabar con esa molestia.

Finalmente, al sacerdote se le ocurrió un plan. El hombre llegó al templo, como de costumbre, a las diez en punto . El sacerdote se escondió detrás de la imagen del Señor Shiva. El comerciante empezó su oración de siempre:

—¡Oh Señor!, estoy cansado de esta vida miserable, por favor, llévame a tus Pies.

Apenas había dicho eso, cuando una voz retumbante salió del interior del santuario:

—¡Ven, ven a Mí ahora mismo y te llevaré para siempre!

El hombre casi se desmaya de la impresión. Después de recuperar la voz, gritó:

—¡Señor, perdóname!, pero es que tengo cientos de deberes que cumplir. El matrimonio de mi hija está acordado para la próxima semana, mi hijo tiene que entrar en la facultad de medicina y mi esposa todavía no ha regresado de la casa de mi yerno. He comprado otro almacén y lo voy a registrar el viernes. Cuando haya dejado organizadas todas esas cosas, vendré, ¡oh Señor!

Y, diciendo eso, el mercader salió corriendo del templo y nunca más tuvo el sacerdote que quedarse hasta tarde levantado, porque el mercader nunca regresó.

Cada día oímos de jóvenes ambiciosos, que han alcanzado el éxito y que mueren repentinamente. «Claro que eso no me sucederá a mí», pensamos. Seguimos sucumbiendo ante la fascinación de Maya, hasta el final. Quedamos atrapados en la persecución de un objetivo u otro, olvidando la verdad y transformándonos en «alimento del dios de la Muerte». Solo si llevamos una vida dedicada a buscar la meta del conocimiento espiritual, iremos a Dios en el momento de nuestra partida de este mundo, en lugar de ir al «otro» dios (el de la muerte).

Controlar los deseos

El famoso escritor y filósofo ruso León Tolstói escribió una historia que es una metáfora de lo necesario que es para nosotros poner límites a nuestros deseos, los grandes seductores de Maya. Expresa bellamente la verdad de que, si olvidamos la muerte, quizá nos excedamos en la persecución de nuestros objetivos y, finalmente, acabemos siendo el desayuno de ese dios.

Hubo una vez un campesino llamado Pahom que trabajaba mucho y con honestidad para su familia, pero que, como no tenía tierras propias, seguía siendo pobre. Cerca del pueblo de Pahon vivía una señora, una pequeña propietaria que tenía una finca de ciento veinte hectáreas. Un invierno llegaron noticias de que la señora iba a vender sus tierras. Pahom oyó que un vecino suyo iba a comprar veinte hectáreas y que la señora había consentido en aceptar la mitad del precio en metálico en el acto y esperar un año la otra mitad.

Pahom y su esposa estuvieron pensándolo detenidamente, reflexionando sobre cómo podían arreglárselas para comprar la tierra. Tenían cien rublos ahorrados. Vendieron un potro, la mitad de sus colmenas, ofrecieron a uno de sus hijos para trabajar y se quedaron con su salario por anticipado. El resto se lo pidieron prestado a un cuñado. Así consiguieron reunir la mitad del dinero necesario para la compra. Cuando hubo hecho todo eso, Pahom eligió una granja de quince hectáreas, que incluía un bosque, se dirigió a la señora y se la compró.

Así que ahora Pahom tenía sus propias tierras. Pidió prestadas semillas y las sembró. La cosecha fue buena. En un año se las había arreglado para saldar las deudas con la señora y su cuñado. Se transformó en propietario, arando y sembrando su propia tierra, produciendo su propio heno, cortando sus propios árboles, alimentado su ganado en sus propios pastos.

Un día, estando Pahom sentado en su casa, entró en ella un campesino que pasaba por el pueblo. Pahom le preguntó de dónde venía, a lo que el extranjero contestó que de más allá del río Volga, en donde había estado trabajando. Una cosa llevó a otra y el hombre siguió diciendo que allí se estaba vendiendo mucha tierra y que mucha gente se estaba dirigiendo hacia allá para comprarla. La tierra era tan buena, añadió, que un campesino que no había llevado nada consigo, salvo sus manos desnudas, ahora poseía seis caballos y dos vacas de su propiedad.

El deseo llenó el corazón de Pahom. «¿Por qué he de sufrir en este estrecho agujero», pensó, «si se puede vivir tan bien en otro lugar? Venderé mi tierra y mi hacienda de aquí, con el dinero empezaré de nuevo allí y conseguiré todo desde el principio».

Así que Pahom vendió la tierra, la casa y el ganado, todo ello con ganancias, y se mudó con su familia al nuevo asentamiento. Todo cuanto el campesino le había dicho resultó cierto y Pahom fue diez veces más afortunado de lo que había sido. Compró abundante tierra cultivable y pastos y pudo criar tantas cabezas de ganado como quiso.

Al principio, con el ajetreo de levantar la hacienda e instalarse en ella, Pahom estaba contento con todo ello; pero, cuando se acostumbró, empezó a pensar que ni siquiera aquí se sentía satisfecho.

Entonces, un día, un comerciante de tierras que iba de paso dijo que acababa de regresar del lejano país de los Bashkirs, donde había comprado más de cinco mil hectáreas de tierra, todo por tan solo mil rublos.

—Solo hace falta hacerse amigo de los jefes —dijo—. Yo les di vestidos y alfombras, además de un estuche de té, todo por valor de unos cien rublos; les di vino a los que bebían y conseguí la tierra a menos de dos céntimos por hectárea.

Pahom pensó: «Allí puedo conseguir diez veces más tierra de la que tengo ahora. Tengo que intentarlo».

Así que dejó a su familia al cuidado de la hacienda y emprendió el viaje llevándose a su criado. En el camino pararon en una ciudad para comprar una caja de té, algo de vino y otros regalos, tal como el comerciante les había aconsejado. No se detuvieron hasta que hubieron avanzado casi quinientos kilómetros. En el séptimo día llegaron al lugar donde los Bashkirs habían levantado sus tiendas.

En cuanto vieron a Pahom salieron de las tiendas y se reunieron alrededor del visitante. Le ofrecieron té y mucha comida. Pahom sacó los regalos de la carreta y los repartió entre ellos diciéndoles que había venido por el asunto de la tierra. Los Bashkirs parecieron muy contentos y le dijeron que tenían que hablar con su jefe sobre el asunto. Así que fueron a buscarlo y le explicaron la razón por la que Pahom había venido.

El jefe estuvo escuchando un rato, después hizo una señal con la cabeza para que se callaran y, dirigiéndose directamente a Pahom, dijo:

—Bien, que así sea. Elige cualquier terreno que te guste. Tenemos mucha tierra.

—¿Y cuál será el precio? —preguntó Pahom.

—Nuestro precio es siempre el mismo: mil rublos al día.

Pahom no entendió.

—¿Al día? ¿Qué medida es esa? ¿Cuántas hectáreas vendría a ser eso?

—Vendemos la tierra por días. Toda la que puedas recorrer a pie en un día es tuya, y el precio es mil rublos.

Pahom se quedó sorprendido.

—¡Pero en un día se puede recorrer una gran extensión de tierra! —dijo.

El jefe se rió.

—¡Será toda tuya! —dijo— Pero hay una condición: si no regresas el mismo día al punto del que has partido, perderás tu dinero.

Pahom se quedó encantado, pero esa noche no pudo dormir porque no dejaba de pensar en el terreno. Pensaba: «¡Qué gran extensión de tierra voy a conseguir! Fácilmente puedo hacer más de cincuenta kilómetros en un día. Ahora los días son largos y, en un circuito de cincuenta kilómetros, ¡menuda cantidad de tierra habrá!».

Por la mañana los Bashkirs se prepararon y todos se pusieron en marcha. Subieron una loma y, bajando de sus carros y de sus caballos, se reunieron en un punto. El jefe se acercó a Pahom y extendió su brazo hacia la llanura.

—Mira —le dijo—. Todo eso, tan lejos como tus ojos puedan alcanzar a ver, es nuestro. Puedes tener cualquier parte que te guste.

Los ojos de Pahom brillaron. Era suelo virgen, tan liso como la palma de una mano, tan negro como la semilla de la amapola, y en los valles crecían diferentes clases de pastos, tan altos que llegaban hasta el pecho. Se quitó el abrigo, se metió una bolsita con pan en el bolsillo del chaleco, se ató una botella de agua a los pantalones y se puso de pie, listo para empezar. Reflexionó unos momentos sobre qué camino era el mejor. Todos parecían tentadores.

Pahom se puso a caminar, ni lento ni rápido. Después de haber avanzado aproximadamente un kilómetro, se detuvo y calculó que habría andado casi cinco kilómetros. Entonces ya hacía bastante calor. Miró el Sol: ya era hora de ir pensando en desayunar.

«Seguiré otros cinco kilómetros», pensó, «y después giraré a la izquierda. Este lugar es tan bueno que sería una pena perdérselo. Cuanto más lejos se va, mejor parece la tierra».

Siguió adelante durante un rato y, cuando miró hacia atrás, la loma de la que había partido apenas era ya visible. Las personas que había en ella parecían hormigas negras y solo podía ver algo que brillaba allí a la luz del Sol. «Ah», pensó Pahom, «ya he ido lo suficientemente lejos en esta dirección. Es el momento de regresar. Además tengo mucha sed».

Siguió. Los pastos eran altos y hacía mucho calor. Pahom empezó a sentirse cansado. Miró al Sol y vio que ya era mediodía. «Bueno», pensó, «tengo que descansar». Se sentó, comió algo de pan y bebió un poco de agua, pero siguió pensando: «Una hora de sufrimiento, toda una vida por vivir», de modo que se puso en marcha de nuevo.

Siguió caminando un largo trecho y después miró hacia la colina. La calima nublaba el aire que parecía agitarse y, a través de la bruma, ya apenas se veían las personas que había en el monte. Miró el Sol: ya casi estaba a medio camino del horizonte y él se encontraba todavía a más de quince kilómetros de su objetivo.

Pahom fue derecho a la colina. Ya caminaba con dificultad, agotado por el calor, con los pies descalzos llenos de cortes y magulladuras. Las piernas empezaban a fallarle. Deseaba con toda su alma descansar, pero eso era imposible si quería llegar antes de la puesta de Sol. El Sol, que no espera a nadie, bajaba más y más.

Pahom siguió caminando. Aunque le costaba mucho andar, cada vez iba más rápido. Perseveraba, pero aún estaba muy lejos de su meta. Empezó a correr. «¿Qué puedo hacer?», pensó de nuevo. «He abarcado demasiado y lo he echado todo a perder. No puedo llegar antes de la puesta de Sol».

Y ese temor le hacía respirar con más dificultad todavía. Pahom siguió corriendo. Tenía empapados la camisa y los pantalones, se le pegaban al cuerpo; la boca se le secaba. El pecho subía y bajaba como el fuelle de un herrero, el corazón le latía como un martillo y las piernas le flaqueaban como si no le pertenecieran.

El terror se apoderó de Pahom: ¿Y si moría por el esfuerzo? Pero, aun temiendo la muerte, no podía parar: «Después de haber corrido toda esa distancia, si paro ahora dirán que estoy loco». Así que corrió y corrió, llegó cerca y oyó a los Bashkirs gritándole y chillándole y sus gritos todavía le daban más coraje a su corazón. Reunió sus últimas fuerzas y siguió corriendo.

El Sol, ya estaba cerca del horizonte, a punto de ponerse; estaba bastante bajo, pero él también se encontraba bastante cerca de su objetivo. Pahom ya podía ver a la gente en la colina agitando los brazos para meterle prisa. Con todas las fuerzas que le quedaban corrió velozmente, inclinando tanto el cuerpo hacia adelante que sus piernas apenas podían seguirle con la rapidez suficiente para no caer. Justo cuando llegaba a la colina, de repente oscureció. Levantó la mirada hacia el Sol: ya se había puesto.

—¡Todo mi trabajo ha sido en vano! —gritó.

Estaba a punto de detenerse cuando oyó que los Bashkirs todavía le gritaban. Entonces recordó que, si bien desde abajo el Sol parecía haberse puesto, ellos desde arriba todavía podían verlo. Tomó una gran inspiración y corrió hacia la colina. Allí todavía había luz. Llegó a la cumbre. El jefe estaba sentado, riéndose y sin poder contenerse. Pahom dio un grito, las piernas le fallaron y se desplomó allí delante. ¡Había muerto!

Su sirviente cogió una pala, cavó una sepultura lo suficientemente larga para que Pahom pudiera descansar en ella y lo enterró allí. ¡Solo necesitó menos de dos metros de la cabeza a los pies!

Capítulo dieciséis

Dios es el que hace

Solo la Gracia de Dios puede eliminar las vásanas

En una de las batallas entre los seres celestiales y los demonios, los primeros salieron victoriosos frente a los segundos. Esas batallas están teniendo lugar en todo momento y en todos los niveles de la Conciencia entre las fuerzas positivas y negativas de la virtud y el vicio. A veces las fuerzas positivas vencen y, otras veces, las fuerzas negativas obtienen la victoria. En este caso particular los seres celestiales resultaron victoriosos. Llenos de orgullo pensaron que la victoria se había debido a su propia fuerza, olvidando el Poder Oculto que hay detrás de todas las acciones, al que se llama la Vida de la vida, el Señor o el Poder Divino.

Para eliminar esa vanidad, que constituye un escollo en el camino espiritual, el compasivo Brahman Supremo, el Omnisciente, la Conciencia Pura, apareció ante ellos bajo la forma de un misterioso espíritu, un *yaksha*, un ser sobrehumano increíblemente poderoso, gigantesco, que los seres celestiales nunca antes habían visto. Se quedaron pasmados ante la aparición de ese Ser absolutamente maravilloso.

A Agni, el dios del fuego, se le asignó la tarea de averiguar quién o qué era exactamente ese Ser. Antes de que el dios del fuego pudiera empezar su investigación, él mismo fue objeto de investigación por parte del yaksha. Al preguntársele quién era y qué poder tenía, el dios del fuego, lleno de vanidad, respondió que era el famoso dios del fuego, el primero y más importante de los seres celestiales, capaz de incendiar el mundo entero, poniendo así a prueba su poder. Aquel Ser puso una paja seca delante de Agni y le pidió que la quemara. Agni no pudo quemarla porque el yaksha, el Poder Supremo que hay detrás de todas las acciones, le había quitado el poder de quemar. Agni ni siquiera pudo tocarla o moverla. ¡Un trocito de paja seca! Cabizbajo de vergüenza y la frustración, Agni regresó con los dioses.

Entonces le tocó a Vayu, el dios del viento, ir a investigar la naturaleza verdadera del yaksha. Cuando se le preguntó lo mismo que se le había preguntado a Agni, también él corrió la misma suerte.

—Puedo soplar y arrasar todo cuanto hay en la tierra —respondió Vayu con orgullo.

El yaksha le puso una brizna de yerba delante y le pidió que la destruyera soplando. Vayu lo intentó, pero la hierba no se movió en absoluto. Lo intentó de nuevo con toda su fuerza, pero la brizna de yerba no se movió ni un poco. Su ego quedó destrozado. Avergonzado y abatido, ni siquiera se acordó de preguntarle al yaksha quién era, y regresó humillado.

A continuación Indra, el rey de los seres celestiales, el emperador de los tres mundos, fue en persona, pensando que lo que los otros dioses no habían podido hacer quizá podría lograrlo él, ya que era el rey. Indra era, ciertamente, más poderoso que los otros dioses que estaban por debajo de él.

Indra iba preparado, pero, cuando llegó al lugar, el yaksha había desaparecido. En su lugar vio a una hermosa mujer. Era la Diosa Párvati. Indra le preguntó por el yaksha, a lo que ella respondió:

—El yaksha era el Ser Divino Mismo. Vosotros conseguisteis la victoria frente a los demonios gracias a su Poder.

Al escuchar eso, Indra se dio cuenta de que los dioses, inconscientemente, se habían envanecido y de que el poder que había detrás de todo y de todos era el del Ser Supremo, el ser invisible que lo hace todo. Partió humildemente y Párvati desapareció. Entonces Indra informó a los dioses. Como había sido el primero de los dioses en alcanzar el conocimiento de que el Espíritu Supremo es el que lo hace todo, fue considerado el más grande entre ellos.

Una lección que hay que aprender de esta historia es que las vásanas negativas solo se pueden vencer por la gracia de Dios. Sin su fuerza y sin su voluntad no puede moverse ni una brizna de yerba. La humildad es un requisito para el aprendizaje de los principios espirituales. Hay que recordar constantemente que Él es quien dirige el espectáculo y quien está cuidando hasta del último de nosotros. La verdadera humildad nace al tomar conciencia de su Presencia en el interior de nuestra mente. La mera actitud devocional no basta para que eso ocurra. Tiene que llegar a darse una experiencia directa, nacida de una intensa sádhana y de la entrega.

Esa alma grande en la renuncia y en la fe, Cristo, dijo:

Pensad en los lirios del campo, cómo crecen. No trabajan ni hilan; mas yo os digo que ni Salomón en toda su gloria se vistió como uno de ellos. Pero si Dios viste así a la hierba del campo, que hoy está viva y mañana se tira al horno, ¿no os vestirá Él con ropas mucho mejores, oh hombres de poca fe? Así que no os angustiéis diciendo «¿qué comeremos?» o «¿qué beberemos?» o

«¿qué vestiremos?» Buscad primero el reino y su justicia y todas esas cosas serán vuestras también.

Detrás de cada incidente en este mundo, sea pequeño o grande, significativo o insignificante, solo está Él, y es su poder el que lo hace todo. Él es la única causa tanto de la victoria del vencedor como de la derrota del vencido. Hace milagros, y cada incidente de nuestra vida, si vamos hasta el fondo de su causa, se verá como un milagro. Está en todas partes y, sin embargo, no se Lo puede ver como vemos un objeto o una persona. Por eso, hay que meditar en Él como la Causa Última de todo cuanto sucede en este mundo y en todos los demás mundos.

La entrega se logra cuando te das cuenta de tu propia impotencia. El descubrimiento de que todo lo que reclamas como tuyo, tu intelecto, tu belleza y tu encanto, tu salud y tu riqueza, no son nada ante la enorme e inminente amenaza de la muerte, de que la muerte te lo arrebatará todo: comprender eso te despertará. Estarás alerta. Descubrirás que estás reclamando cosas que realmente no lo son tuyas. Por tanto, entrégate. Puedes disfrutar de todos placeres de la vida, pero debes hacerlo con la conciencia de que, en cualquier momento, te los pueden quitar. Si vives con esa conciencia, la entrega irá detrás.

Hasta que te des cuenta de que eres impotente, que tu ego no te puede salvar y que todo lo que has adquirido no es nada, Dios o el guru seguirán creando las circunstancias necesarias para que comprendas esa verdad. Cuando eso suceda, te entregarás. Entonces es cuando te desprendes de todos tus temores y dejas que el guru o Dios baile sobre tu ego mientras tú te postras a sus Pies. Entonces es cuando te transformas en un verdadero devoto. Ese es el auténtico significado de la postración.

El destino final de todas las almas es ir reduciendo todos los obstáculos para la paz y la satisfacción. Cuando llegue ese momento, abandonarás el ego y ya no lucharás más. No te quejarás, ni te pararás siquiera a pensar si debes o no dejarlo ir. Simplemente te postrarás y te entregarás. En lo más profundo de su interior, todas las almas están esperando que se produzca ese gran abandono.

Una auténtica oración nunca contiene sugerencias, instrucciones o peticiones. El devoto sincero simplemente dirá: «Oh, Señor, no sé qué es bueno o qué es malo para mí. No soy nadie, no soy nada. Tú lo sabes todo. Sé que cualquier cosa que Tú hagas es para mi bien, así que haz lo que desees». En la verdadera oración te postras, te entregas y declaras tu impotencia al Señor.

Amma

La diferencia entre una persona orientada hacia la espiritualidad y una que no lo está consiste en su actitud ante la vida, no en sus experiencias. Todas las personas obtienen la parte que les corresponde de placer y de dolor. Dos personas pueden tener experiencias semejantes, pero pueden reaccionar ante ellas de manera diferente. Una se beneficia y crece en sabiduría y la otra no. Una persona devota ve la Mano de Dios en todo cuanto sucede. Sin embargo, solo un mahatma puede entender, verdaderamente, sus intenciones o su voluntad.

Sé tú mismo

Había una vez en Japón un pobre picapedrero llamado Hofus, que iba todos los días a la ladera de la montaña a cortar grandes bloques de piedra. Vivía cerca de la montaña, en un pequeño refugio de piedra, trabajaba mucho y era feliz.

Un día llevó una carga de piedra a la casa de un hombre rico. Allí vio tantas cosas hermosas que, cuando volvía a la montaña, no podía pensar en otra cosa. Entonces empezó a desear poder dormir también él en una cama tan mullida como la que había visto, con baldaquino, cortinas de seda y borlas de oro. Suspiró:

—¡Ay! Pobre de mí, pobre de mí. ¡Ojalá Hofus fuera tan rico como él!

Para su sorpresa, la voz del Espíritu de la Montaña contestó:

—Que tu deseo se cumpla.

Cuando Hofus regresó a casa esa tarde, su pequeño refugio había desaparecido y en su lugar se levantaba un gran palacio. Estaba lleno de cosas preciosas. La mejor de todas era una cama con baldaquino, cortinas de seda y borlas de oro.

Hofus decidió que ya no trabajaría más; pero como no estaba acostumbrado a estar ocioso, el tiempo pasaba lentamente y los días parecían muy largos.

Un día, mientras estaba sentado delante de la ventana, vio un carruaje pasar por delante. Iba tirado por caballos blancos como la nieve. En él iba un príncipe, y delante y detrás caminaban sirvientes vestidos con trajes azules y blancos. Uno sostenía un parasol dorado sobre el príncipe. Cuando el picapedrero lo vio, empezó a sentirse infeliz y pensó:

—¡Ay! Pobre de mí, pobre de mí ¡Ojalá Hofus pudiera ser un príncipe!

Y de nuevo la misma voz que había oído en la montaña respondió:

—¡Sé un príncipe!

Inmediatamente Hofus se convirtió en un príncipe. Tenía sirvientes vestidos de carmesí y oro, y era conducido en un carruaje con una sombrilla dorada sobre la cabeza.

Por un breve espacio de tiempo fue feliz. Pero un día, mientras caminaba por el jardín, vio que las flores estaban cayéndose y que la hierba estaba seca y marrón y, cuando salió en el carruaje, sintió el Sol ardiente quemándole a pesar de su sombrilla.

«El Sol es más poderoso que yo», pensó, y después suspiró:

—¡Ay! Pobre de mí, pobre de mí ¡Ojalá Hofus pudiera ser el Sol!

Y la voz contestó:

—¡Sé el Sol!

De inmediato se transformó en el gran Sol. Quemó la hierba y los campos de arroz. Secó los arroyos. Ricos y pobres por igual sufrieron por el terrible calor.

Un día, una nube apareció y se detuvo delante de él impidiéndole ver la Tierra. Se enfadó y gritó:

—¡Ay! Pobre de mí, pobre de mí. ¡Ojalá Hofus pudiera ser una nube!

—¡Sé una nube!— respondió la voz.

Inmediatamente, se transformó en una nube. Flotaba delante del Sol y le ocultaba la Tierra.

Entonces, día tras día, la nube dejó caer la lluvia. Los ríos se desbordaron y los campos de arroz se cubrieron de agua. Las ciudades fueron barridas. Solo las grandes rocas de la montaña permanecieron inamovibles en medio de la inundación. La nube las miró maravillada y después comentó:

—¡Ay! Pobre de mí, pobre de mí. ¡Ojalá Hofus pudiera ser una roca!

—¡Sé una roca! —respondió la voz.

De inmediato, se transformó en una roca. Se irguió con orgullo. El Sol no podía quemarla y la lluvia no podía arrastrarla.

—Ahora, por fin —se dijo— nadie es más poderoso que yo.

Pero un ruido lo despertó de sus sueños: «toc, toc, toc», abajo, a sus pies. Miró. Había un picapedrero introduciendo su herramienta en la roca. Otro golpe y la gran roca tembló. Un bloque de piedra quedó separado.

—¡Ese hombre es más poderoso que yo! —gritó Hofus y añadió:

—¡Ay! Pobre de mí, pobre de mí. ¡Ojalá Hofus pudiera ser ese hombre!

Y la voz respondió:

—¡Sé tú mismo!

E inmediatamente Hofus fue él mismo otra vez, un pobre picapedrero, trabajando todo el día en la montaña, regresando a casa por la noche, a su pequeño refugio. Pero ahora estaba satisfecho y feliz, y nunca más volvió a desear ser otra cosa que Hofus, el picapedrero.

Un hombre estaba tumbado en su cama soñando que viajaba por todo el universo. Al final se despertó y se encontró en su cama. Ese es el sueño de Maya en el que todos estamos inmersos.

Capítulo diecisiete

¡Despertad, despertad!

Hijos, purificad vuestra mente y luego entended la esencia del dharma. Si perpetuáis el funesto deseo de cosas siempre nuevas, eso os llevará a la decepción.

Amma

Devota: ¿Por qué las personas cometemos errores?

Amma: Quedamos atrapados en la ilusión de que el mundo nos va a dar la felicidad. Luego corremos enloquecidamente de acá para allá para conseguirla. Con los deseos sin satisfacer, aparecen la frustración y la ira. Sin discernir entre lo necesario y lo innecesario, hacemos todo lo que nos apetece. ¿Podemos decir que eso es vida? ¿De quién es la culpa?.

Devota: Se dice que, sin la presencia y la voluntad de Dios, ni una brizna de hierba puede ser movida por la brisa. ¿Pueden, entonces, ser culpados por sus errores los seres humanos cuando es Dios quien les fuerza a hacer todas las cosas?

Amma: Para una persona que tiene la convicción de que "el verdadero hacedor no soy yo, sino Dios", es imposible cometer error alguno. Lo ve todo lleno de Dios. Para ese devoto es imposible incluso pensar en cometer errores.

En otras palabras: solo alguien que ha trascendido todos los errores tendrá fe en que "solo Dios es el que actúa, ni una brizna de hierba se moverá sin Él". No hay error o pecado para quien tiene la convicción de que Dios es el que actúa. Por el contrario, los frutos de los errores cometidos por una persona que piensa que "yo soy el que actúa" deben ser aceptados por ella. Si se comete un asesinato, no es correcto decir que Dios es el que actúa. Una persona cuyo pensamiento es "Dios es el que actúa", no cometería un asesinato, ¿verdad?.

El brahmán que mató una vaca

Hubo una vez un viejo brahmán que poseía un hermoso jardín. Amaba el jardín con todo su corazón y pasaba mucho tiempo ocupándose de él. Un día, cuando el brahmán salió a ver cómo iban los brotes del mango, descubrió con gran consternación que una vaca extraviada había estado deambulando por su jardín y estaba comiéndose los brotes que había plantado con tanto cuidado. En un ataque de ira, se puso a golpear a la vaca con el bastón. La flaca y vieja vaca no pudo soportar los golpes y cayó muerta allí mismo.

—¡Dios mío! ¿Qué he hecho? ¡He matado una vaca! —se lamentó el brahmán.

La noticia llegó hasta los habitantes de la aldea, que acudieron a la casa del brahmán.

—Has cometido el más grande de los pecados matando una vaca —le reprendió uno de ellos—. Has puesto tu jardín por encima de la vida de una vaca.

—La vaca nos da leche, es nuestra madre, ¡y tú la has matado! —añadió otro aldeano.

—¿Qué clase de manos tienes que son capaces de matar una vaca? —preguntó el jefe de los aldeanos—. Tendrás que sufrir las consecuencias de lo que has hecho. Ahora nos vamos, pero regresaremos.

«Me echarán del pueblo. ¿Qué voy a hacer?», pensó el brahmán.

De repente, se le ocurrió una idea: «El Señor Indra es el dios que gobierna las manos», pensó, «así que el culpable del asesinato de la vaca es Indra, y no yo. Sí, eso es lo que les diré a los aldeanos».

Los aldeanos no estaban muy seguros de qué hacer respecto al argumento del brahmán. Desde luego, era cierto que el Señor Indra era la deidad que gobernaba las manos. ¿Significaba eso que el brahmán no era el culpable del asesinato de la vaca? La cuestión se debatió amplia y profundamente.

Finalmente, el argumento del brahmán llegó a oídos del propio Indra. Preocupado por la lógica del brahmán, decidió hacerle una visita. Bajo la forma de un anciano, Indra entró en el jardín del brahmán aparentando indiferencia.

—Señor, soy extranjero en la ciudad —dijo Indra al brahmán—.Pasaba por aquí y he visto este hermoso jardín. ¿Lo ha hecho todo usted mismo?

El brahmán se sintió enormemente halagado.

—Efectivamente, así es, con mis propias manos. Me he ocupado de este jardín como si fuera mi propio hijo.

—Ya lo veo —replicó Indra— ¿Y qué hay de ese precioso camino? ¿También lo has hecho tú?

—¡Claro que sí! —respondió el brahmán con gran orgullo—. Yo mismo lo construí planificándolo muy bien.

—¿Y ese hermoso árbol? —continuó Indra— ¿También lo plantaste tú mismo?

—¡Por supuesto! —proclamó el brahmán— Desde la roturación de la tierra hasta los frutos, todo ha sido obra de mi trabajo.

—¡Vaya! ¿Y qué me dices de la fuente? —preguntó Indra.

—Todo cuanto ves aquí ha sido construido con mis propias manos — presumió el brahmán.

Ante esas palabras, Indra se descubrió ante el brahmán y le dijo:

—Oh brahmán, si te atribuyes el mérito de haber construido el jardín con tus propias manos, ¿no deberías también aceptar la culpa de haber matado la vaca? ¿Por qué me echas a mí la culpa? ¡Granuja!

Desde un punto de vista, todo es su voluntad; desde otro punto de vista, nosotros tenemos nuestros deberes. Una empresa puede funcionar según los principios básicos establecidos por el director ejecutivo o por el dueño, pero los empleados tienen sus propias responsabilidades individuales. El director no puede ser considerado responsable de la mala conducta o de los errores de los empleados, puesto que él ya ha establecido las reglas.

El Señor crea el universo con sus leyes del dharma y el adharma. Nosotros recogemos los frutos correspondientes. Él es el *karma phala data*, el dador de los frutos de las acciones hechas por nosotros. En ese sentido, todo es su voluntad; pero eso no nos exime a nosotros de la responsabilidad.

Si somos nosotros los que realizamos las acciones, nosotros debemos recoger los frutos que ellas produzcan. Pero cuando nos preguntamos: «¿Quién soy yo, el que realiza esa acción?» y conocemos el Ser, la sensación de estar actuando desaparece y los tres karmas se desvanecen. Esa Liberación es Eterna.

Ramana Maharshi, *La Realidad en cuarenta estrofas*, v.38

Cuando hayamos obtenido la pureza mental por medio de la práctica espiritual, estará más claro qué es la acción correcta. Todavía podremos cometer errores, ya que nadie es perfecto, pero seremos capaces de intuir con más claridad el camino del dharma en nuestros pensamientos, palabras y acciones. Generalmente, no podemos confiar en nuestros sentimientos y debemos seguir las escrituras, la tradición o el camino enseñado por los mayores. Esa es la forma aceptada para aprender qué es el dharma. Al final, haciéndolo así durante un largo período de tiempo, la pureza brillará; entonces nuestras acciones se irán volviendo más dhármicas de forma espontánea.

La locura del consumismo

Más que nunca en el pasado, el consumismo ha llegado a penetrarlo todo, incluso en regiones más remotas. Las personas se han vuelto locas por las posesiones materiales, mucho más allá de sus necesidades diarias. Desgraciadamente, la cosa no acaba ahí. Las actualizaciones de cada producto siguen llegando sin fin. He oído de alguien que compra todos los nuevos ordenadores portátiles que aparecen en el mercado. Me pregunto qué hace con todos los «antiguos». Parece que la humanidad acude hipnotizada a los «centros de satisfacción» para obtener esa satisfacción. Por supuesto, nunca quedan satisfechos. ¿Cómo pueden las posesiones satisfacernos? Si corremos continuamente detrás de las cosas, sin distinguir entre lo realmente necesario y lo que no lo es, al final acabaremos muy decepcionados.

Amma nos advierte de que el deseo de cosas cada vez más nuevas nos llevará a la desilusión y de que ese no es un hábito que debamos fomentar en nosotros o en los demás.

En cada área del mundo del trabajo y del entretenimiento están apareciendo constantemente más y más cosas nuevas. En cada área de la vida nos hemos trasformado en amantes de lo más nuevo. ¿Dónde está conduciendo todo eso? En último término, esperamos que a Dios, el Único Eternamente Nuevo. Pero eso no sucede por una sensación de satisfacción sino mediante una sensación de desencanto y desengaño. Solo entonces buscaremos en nuestro interior la felicidad de nuestro propio Ser.

Ocultar el néctar

En cierta ocasión, después de sacar el Néctar de la Inmortalidad al batir el mar cósmico, los dioses decidieron ocultarlo para que los seres humanos no pudieran encontrarlo. Lo pensaron a fondo, porque querían ocultarlo en algún lugar en el que nunca lo pudieran encontrar. Alguien le propuso a Indra, el rey de los dioses, que lo ocultaran en la colina más alta del Himalaya; pero él dijo que no, porque algún día muchos seres humanos lo escalarían.

—Ocultémoslo en lo más profundo del mar, porque ningún ser humano podrá sacarlo de allí —dijo otro.

—No. Algún día los seres humanos serán capaces de moverse por las profundidades del mar en el interior de un vehículo —dijo Indra.

Otro dios sugirió que lo ocultaran en la Luna, diciendo:

—Ningún humano podrá llegar nunca allí.

Pero Indra no estuvo de acuerdo y, prediciendo el futuro, dijo:

—No, algún día los seres humanos viajarán también a la Luna y, desde luego, lo encontrarán.

Incapaces de llegar a conclusión alguna, se dirigieron a Brahma, el Creador. Después de rendirle homenaje, le plantearon el problema y le pidieron consejo.

Brahma pensó en ello durante un tiempo y finalmente dijo:

—He pensado en un lugar en el que los seres humanos nunca mirarán. Debéis colocar el néctar en el interior del corazón del ser humano, porque nunca nadie lo buscará allí.

Brahma estaba muy en lo cierto. Aunque ese néctar está tan cerca de los seres humanos, también está muy lejos, pues ninguno de ellos se toma nunca la molestia de buscarlo en su interior.

Eso no significa que la vida mundana carezca de valor; pero si se dedica toda la vida a perseguir objetivos mundanos y aun así no se encuentra la paz ni la satisfacción, ¿por qué las personas siguen pensando que la vida mundana les va a colmar? ¿Lo ha conseguido alguna vez alguien por ese camino? Pero, aunque nos lleve muchas vidas de búsqueda y goce de la vida sensible, al final el alma se apartará de él e iniciará el gran viaje hacia el despertar del largo sueño de la vida y la muerte. Es inevitable.

> La renuncia es el verdadero poder. Entended lo que significa la renuncia, pues solo en ella hay completa tranquilidad.
>
> Amma

Es poco frecuente encontrar una persona que verdaderamente haya despertado a ese hecho y dedique todo su tiempo a intentar experimentar la Verdad del Ser. Amma diría que una persona así ha realizado muchas acciones meritorias o *púnyam* en sus vidas anteriores, y por eso siente en esta vida una tremenda atracción por Dios. Para una persona así no hay ninguna otra cosa que tenga sentido o significado o le atraiga. Esas personas han despertado del profundísimo sueño de la Maya del Señor y arden en el deseo de escapar del Mar de Samsara.

La grandeza de los sabios Iluminados ha sido ensalzada en muchos libros sagrados. Estos nos recuerdan la oportunidad, extremadamente rara, que se nos ha dado al relacionarnos con Amma. Leer sus palabras, una y otra vez, nos recuerda la Realidad que hay detrás de la forma de Amma.

> En la compañía de los sabios el apego se desvanece y, con el apego, la ilusión. Liberados de la ilusión logramos constancia y, con ello, la liberación mientras aún se está vivo. Busca, por tanto, la compañía de los sabios.
>
> Shankaracharya, Bhajagovíndam

> Ni escuchando a los predicadores, ni estudiando en los libros, ni por actos meritorios, ni por ningún otro medio puede obtenerse ese Estado Supremo que solo se logra mediante la relación con los sabios y una clara búsqueda del Ser.
>
> Yoga Vasishtha

> Cuando se ha aprendido a amar la compañía de los sabios, ¿para qué todas esas reglas de disciplina? Cuando una agradable y fresca brisa del Sur sopla, ¿qué necesidad hay de un abanico?.
>
> Yoga Vasishtha

> Los ríos sagrados, que solo son agua, y los ídolos hechos de piedra y barro no son tan poderosos como los sabios, porque mientras que aquellos purifican a lo largo de

innumerables días, los ojos del sabio purifican al instante con una sola mirada.

Shrímad Bhágavatam

Amma ha venido a este mundo en esta época porque hay una necesidad urgente de una persona así, divina, altruista e incondicionalmente amorosa.

En palabras del conocido actor Charlie Chaplin, que también fue, dicho sea de paso, un gran filántropo:

Hemos aumentado nuestra velocidad, pero nosotros nos hemos quedado encerrados. Las máquinas que nos dan abundancia nos han dejado necesitados. El avión y la radio han hecho que estemos más cerca. La propia naturaleza de esos inventos clama por la bondad que hay en el ser humano, clama por una hermandad universal, por la unidad de todos nosotros; pero nuestro conocimiento nos ha vuelto cínicos, nuestra inteligencia nos ha vuelto duros y desagradables. Pensamos demasiado y sentimos demasiado poco. Más que máquinas, necesitamos humanidad, más que inteligencia necesitamos amabilidad y bondad. Sin esas cualidades, la vida será violenta y todo estará perdido.

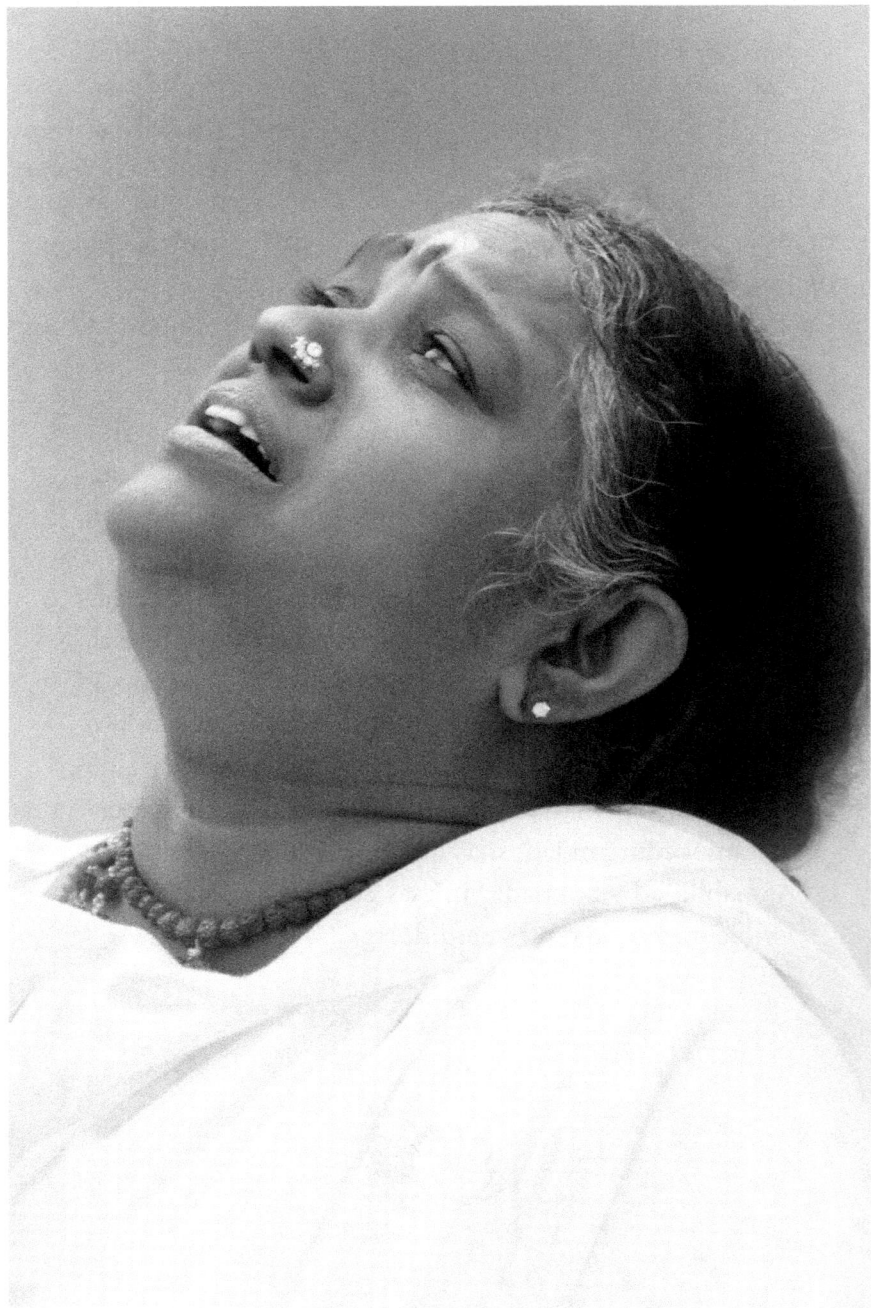

Capítulo dieciocho

Entrega y desapego

Muchos de nosotros hemos leído la historia de la mujer que fue a ver al Señor Buda para pedirle que este devolviera a la vida a su hijo muerto. Él le dijo que si ella podía traerle una semilla de mostaza de algún hogar que nunca hubiera sufrido la muerte de un miembro de la familia, haría el milagro.

Ella recorrió todo el pueblo, pero no pudo traer ni una sola semilla de mostaza. Entonces se dio cuenta de una verdad importante sobre la naturaleza de la vida: que todo es transitorio y termina en la separación y la muerte. Solo el alma subsiste después de la muerte. Pero, aunque hemos oído esas verdades, las ignoramos una y otra vez bajo la influencia de Maya casi inmediatamente después de haberlas oído.

Hay un episodio del *Mahabhárata* en el que un *yaksha*, un espíritu de la naturaleza, le hizo una serie de preguntas al gran rey Yudhíshthira a modo de examen para medir la sabiduría del rey.

—¿Cuál es la mayor de las maravillas? —preguntó el yaksha.

—Día tras día mueren un sinnúmero de personas y, aun así, los vivos desean vivir para siempre. Oh, Señor, ¿qué mayor maravilla puede haber? —respondió el sabio rey.

¡Qué extraño poder el de Maya! Nos mantiene continuamente en un estado de olvido, nacimiento tras nacimiento. Bajo su influencia, nos hundimos más y más profundamente en el mar de la ilusión universal y somos incapaces de entender las verdades espirituales, por pequeñas que sean. Y, lo que es peor, no sentimos ni el menor deseo de despertar de esa larga noche de sueño a la luz del día de la Conciencia Divina.

Amma nos muestra el camino para liberarnos de la red de apegos a esta situación. Una vez me dijo que la mayoría de las personas eran incapaces de comprender la simple verdad de que todas se aman a sí mismas más que a nadie; somos, en última instancia, egoístas. En nombre del amor, nos engañamos creyendo creer que los demás nos aman y que nosotros amamos a los demás. Solo cuando experimentamos el egoísmo de los demás tenemos un repentino atisbo de esa ilusión. Amma no nos está disuadiendo de amar, sino que nos anima a amar sin apego, sin expectativas y sin dependencia, justo como ella hace.

Amma: Nuestros apegos en nombre del amor siempre tiran de nosotros hacia abajo.

Devoto: ¿Qué quiere decir Amma con eso? ¿Quieres decir que mi amor por mi esposa y mis hijos no es verdadero amor? El apego es un aspecto del amor, ¿no es cierto?.

Amma: Hijo, solo una persona que está completamente desapegada puede amar a los demás sin expectativa alguna. El apego no es un aspecto del verdadero amor. En el amor auténtico no solo los cuerpos sino también las almas están unidas por la simpatía. Siempre hay un conocimiento de la naturaleza cambiante o perecedera del cuerpo y de la naturaleza eterna del Ser. El apego ata y destruye a la persona que está apegada y a la persona a la que se está apegado. Debido a ese apego, el discernimiento falla y la disciplina se pierde.

En el *Mahabhárata*, Dhritarashtra, el rey ciego, tenía un apego exagerado por su hijo mayor, Duryódhana, y por eso no pudo controlarlo ni hacerle pensar y actuar adecuadamente. Eso provocó la completa destrucción del rey, de sus hijos y del reino. Como ejemplo de lo contrario, Shri Krishna estaba completamente desapegado y por eso podía amar a los Pándavas y controlarlos a la vez. La historia de Dhritarashtra y su hijo Duryódhana nos muestra cómo el egoísmo y el apego de una persona puede causar la destrucción de una sociedad entera.

Amma cuenta una historia sobre los límites del amor entre marido y mujer.

Una mujer acompañó a su marido a la consulta del médico. Después de la revisión el doctor llamó a la esposa a su despacho y le dijo a solas:

—Tu esposo padece una enfermedad grave, además de un estrés horrible. Si no haces lo que te diga, tu esposo seguramente morirá pronto. Hazle todas las mañanas un desayuno saludable. Sé agradable y asegúrate de que esté de buen humor. Para almorzar hazle una comida nutritiva. Para la cena, hazle una comida especialmente sabrosa. No le pidas que realice ninguna tarea, ya que probablemente habrá tenido un día difícil. No discutas tus problemas con él, ya que solo eso agravará su estrés. Y, lo más importante, debes satisfacer cada deseo y cada capricho que tenga y permitirle que te cuente todos sus problemas. No debe tener absolutamente ningún estrés. Sé especialmente cariñosa y afectuosa. Si puedes hacer eso durante los próximos diez meses, creo que tu esposo recuperará la salud por completo.

En el camino a casa, el marido le preguntó a su mujer:

—¿Qué ha dicho el doctor?

—Que vas a morir pronto —respondió ella.

Es evidente que casi todas las personas que acuden a Amma lo hacen para satisfacer sus propios deseos egoístas. Incluso sabiendo eso, ella les demuestra el mismo amor a todas, sin esperar nada de ninguna de ellas. Esa es la señal de que alguien vive en la Conciencia Divina, en la visión de que todo es Uno.

Es amado quien posee la misma mente para el bueno de corazón, los amigos, los enemigos, el indiferente, el neutral, el odioso, los parientes, el virtuoso y el perverso.

Bhágavad Guita, capítulo 6, v.9

Cuando se arranca una fruta del árbol antes de que haya madurado, llora: de su tallo sale leche blanca. Pero cuando se cae de forma natural porque está madura, ya no llora: simplemente se suelta por sí misma. Debido a la naturaleza de nuestra mente y nuestra vida, en este mundo transitorio adquirimos muchos apegos y, por eso, tenemos que llorar en el momento de la separación, tanto nuestra como de los demás. Eso deja heridas en el subconsciente.

En el caso de una herida profunda, hay que poner desinfectante dentro de la herida después de una limpieza concienzuda. No basta con limpiarla por fuera y vendarla. Puede volver a infectarse una y otra vez. Del mismo modo, practicar el desapego por la ira y el dolor de haber sido herido por alguien, no es suficiente. Cuando la ira se enfríe podemos volver a apegarnos, aunque la herida siga abierta dentro de nosotros.

En cualquier caso, probablemente nos apegaremos otra vez a cualquier otra persona o cosa bastante pronto. No podemos ser felices sin apegarnos a algo. Ese algo puede ser una persona, una mascota, nuestras posesiones o nuestra posición. La naturaleza cambiante y egoísta de las cosas es lo que nos provoca tristeza. En lugar de eso, hay que apegarse a lo que no cambia, lo que no nos va a hacer daño, lo que no quiere nada de nosotros, lo que solo quiere lo mejor para nosotros. En esa descripción solo cabe Dios. En este mundo perecedero en que todos buscan su propia felicidad por medio del amor, en que todas las personas son egoístas, la satisfacción del deseo del amor verdadero solo es posible mediante la unión mística con Dios, que es el Ser de todo.

Eso es más fácil de decir que de hacer. Dios es invisible. Ni siquiera sabemos si un Ser así existe realmente. Y si ese Ser está ahí, ¿nos está oyendo? ¿No es eso una cuestión de fe? ¿Y cómo conseguir tener fe en un Ser invisible e incomprensible?

Las distintas personas conciben a Dios de distintas maneras. Amma dice que, sea cual sea nuestra concepción,

> El Poder Universal existe en vuestro interior. Solo puede llegarse a esa Verdad Suprema por la fe y la meditación. Igual que confiáis en las palabras de los científicos que hablan sobre hechos desconocidos para nosotros, tened fe en las palabras de los grandes maestros que hablan sobre la Verdad, ya que ellos están instalados en ella. Las escrituras y los grandes maestros nos recuerdan que el Ser, o Dios, es nuestra verdadera naturaleza. Dios no está lejos de nosotros, pero hace falta fe para asimilar esa verdad. Dios no es un individuo limitado que se sienta solo arriba en las nubes, en un trono dorado. Dios es la Conciencia Pura que habita en el interior de

todo. Entended esa verdad y aprended a aceptar y amar a todos por igual.

Divinizando la corriente de pensamiento, elevándolo desde el plano más bajo de lo mundano en instalándonos en pensamientos de Dios y de la Guru, nuestros problemas mundanos y nuestro sufrimiento adquieren un aire de trivialidad. Nuestra mente se vuelve amplia como el cielo y, poco a poco, empezamos a sentir realmente la Presencia Divina en el interior de la mente. Lo que empezó siendo fe se transforma en experiencia. Las viejas heridas, que pertenecen al ego, se desvanecen. Aprendemos a aceptar las inevitables circunstancias dolorosas como una bendición o un regalo de nuestra Guru. En su infinita sabiduría, ella sabe qué es lo mejor. Todos nuestros apegos mundanos se disuelven en el apego total a Dios.

Devoto: Algunos devotos dicen que, a pesar de su devoción, siguen sufriendo.

Amma: Invocamos a Dios para satisfacer nuestros múltiples deseos. La mente está llena de deseos, no de la Forma de Dios. Eso significa que vemos a Dios como nuestro obrero. No debe ser así. Aunque Dios es el sirviente de sus devotos, no es correcto que pensemos en Él en esos términos. Entregad todo a sus Pies. Debemos tener la actitud de entrega y Él, sin duda, nos protegerá. Tras haber subido al barco o al autobús ya no seguimos cargando el equipaje, ¿no es cierto? Lo dejamos en el suelo. De la misma manera, entregadle todo a Dios. Él nos protegerá. Cultivad el pensamiento de que Dios está cerca de nosotros. Si hay un lugar cercano para descansar, la sola idea de descargar el equipaje que hemos estado llevando sobre la cabeza disminuye el peso de la carga. Si pensamos que no hay lugar para descansar, el equipaje parece más pesado. Del mismo modo, cuando pensamos que Dios está cerca, todas nuestras cargas disminuyen.

Puede ser difícil recordar que Dios es la Realidad que hay detrás del mundo aparente. Él no es solo Aquel que no cambia, sino también el Poder siempre activo que hace que todo suceda. La Creación es su juego o *lila*. A veces olvidamos eso y nos envanecemos con la sensación de que somos nosotros quienes hacemos las cosas.

Al final de la Guerra del *Mahabhárata*, el Señor Krishna y Árjuna estaban todavía montados en su carro. Tradicionalmente, el cochero debía bajar del carro y, en señal de respeto, darle la mano al guerrero para que bajara. Aun siendo el Señor Krishna el Mismo Dios, aceptó el papel de cochero, de modo que debía haber sido el primero en bajar del carro. Árjuna esperó a que el Señor Krishna bajara; pero, viendo que permanecía donde estaba, acabó bajando él mismo el primero. Se sentía en parte insultado por la conducta del Señor Krishna.

Como respuesta a la ignorancia de Árjuna, el Señor Krishna saltó del carro e inmediatamente el Señor Hanumán, que estaba en la bandera, se fue volando ¡y el carro estalló en llamas! Árjuna se quedó pasmado. Shri Bhagaván explicó que el Señor Hanumán, durante la guerra, había estado protegiendo el carro de todas las poderosas armas que le lanzaban los oponentes. Él no pensaba irse hasta que el Señor Krishna se bajara, de manera que si este hubiese bajado del carro antes de que Árjuna lo hubiera hecho,

Hanumán habría salido volando y Árjuna habría ardido con el carro. La presencia del Señor Krishna había sido la razón por la que el carro había permanecido intacto hasta entonces. El orgullo de Árjuna por haber ganado la guerra y el sentimiento de que debía ser honrado como un gran guerrero lo cegó y le impedía comprender que nada de eso habría sido posible sin la divina presencia del Señor Krishna.

Como dice el Señor Krishna en la *Bhágavad Guita*:

Yo soy el todopoderoso Tiempo, el destructor de mundos, que ahora está ocupado destruyendo los mundos. Incluso sin ti, ninguno de los guerreros desplegados en ejércitos hostiles vivirá.

Cap. 11, v.32

¿Quién es Dios?

Quizá no sea posible conocer o entender a Dios; pero según los libros antiguos y las enseñanzas de Amma podemos, sin duda, llegar a ser uno con Él por su Gracia.

En una ocasión, Alejandro Magno le preguntó a Diógenes:

—Tú que eres un hombre tan instruido y sabes tanto, ¿no puedes decirme algo acerca de Dios? ¿Qué es Dios?

Diógenes esperó un momento y después dijo:

—Dame un día.

Alejandro vino al día siguiente, pero de nuevo Diógenes le dijo:

—Dame dos días.

Y así sucedió otra vez:

—Dame tres días.

Y luego cuatro días, y cinco días, y después seis días, y así pasó una semana entera.

—¿Qué es lo que me estás queriendo decir? Si no sabías la respuesta, deberías habérmelo dicho antes. Si la sabías, ¿cómo se explica el retraso? —dijo Alejandro irritado.

—En el momento en el que me preguntaste, pensé que sabía, pero cuanto más intentaba atrapar la respuesta más evasiva se volvía. Cuanto más la pensaba, más lejos estaba. Ahora mismo, ya no sé nada, y lo único que te puedo decir es que los que creen conocer a Dios no lo conocen —respondió Diógenes.

Una vez oí a un devoto discutir con un mahatma diciendo que en la experiencia no dual del samadhi Dios desaparece. El mahatma dijo:

—No es así. Él no desaparece, pero *tú* sí, y solo Él permanece.

En ocasiones se nos ofrecerán oportunidades para probar nuestra fe. En una de las giras de Amma por Estados Unidos, el grupo que iba en la gira tenía que encontrarse en el aeropuerto para ir volando a la siguiente ciudad. No sé cómo, pero a Suami Purnamritananda y a mí, junto con otros dos devotos, nos dejaron en otro aeropuerto diferente. No nos dimos cuenta de lo que había sucedido hasta que llegamos a la puerta de embarque y vimos que allí no había avión alguno. No teníamos dinero, y ni siquiera los billetes. El vuelo tenía que salir en diez minutos. Intentamos tomar un taxi que nos llevara al otro aeropuerto, pero ningún taxista quería llevarnos para recorrido tan corto. Todos pensamos: «Bueno, Amma, si quieres que viajemos contigo, tendrás que actuar deprisa». Nos quedamos allí de pie, en una curva, esperando contra toda esperanza.

En ese momento apareció un coche por la curva. Era la misma devota que nos había llevado y que ahora venía del otro aeropuerto.

Rápidamente, nos llevó allí. Fuimos corriendo al avión y, justo cuando acabábamos de entrar en él, la puerta se cerró. Todos suspiramos un imperceptible «¡Ammaaaaaa!»

Responsabilidad

> Amma despejará el camino de la Liberación, os tomará de la mano y os llevará hasta la meta. Sed sinceros y cumplid las responsabilidades de vuestra vida y, de esa manera, conseguiréis la paz mental.
>
> Amma

Cuando alguien hace una promesa suele despertar ciertas sospechas. Los políticos hacen promesas para alcanzar el poder. El amante promete al amado algo para asegurarse el placer. Los padres hacen promesas para conseguir que los hijos hagan cosas que, probablemente, no estarían muy de acuerdo en hacer. Y los hijos hacen promesas a los padres para conseguir no hacer lo que se supone que deberían hacer.

Todas esas personas tienen sus propios planes ocultos en la mente, sus propias razones egoístas para hacer promesas, y quizá ni siquiera tengan capacidad para cumplirlas. La promesa de Amma no es como esas. Ella dice que despejará nuestro camino hacia la Liberación, que nos dará la mano y nos llevará hasta la meta. Es difícil imaginar qué poder o experiencia interior le da la seguridad necesaria para hacer semejante promesa. Si profundizamos en las palabras de Amma, nos daremos cuenta de que es posible que nuestra comprensión de lo que ella es no sea tan profunda.

Amma afirma que despejará nuestro camino, nos dará la mano y nos llevará hasta la meta de la Liberación del ciclo del nacimiento y de la muerte. ¿Cómo va a hacer esas cosas? Verdaderamente, eso solo es posible si ella misma está viviendo en ese estado.

Para la mayoría, Amma es la persona que vive en Ámritapuri, en la India, y que viaja alrededor del mundo todos los años. Entonces, ¿cómo va a cumplir su promesa? Desde luego físicamente no es posible. ¿Puede hacerlo a través de algo así como un mando a distancia? E incluso si ese es el caso, ¿cómo puede atender a todos sus millones de devotos y devotas a la vez? ¿Qué pasa si varios devotos la necesitan a la vez? ¿Cómo puede oír a todos al mismo tiempo y saber lo que cada uno necesita en un momento dado? ¡Es todo tan abrumador!

Algunos mandos a distancia pueden controlar muchos aparatos al mismo tiempo, todo desde una pequeña unidad. Por supuesto, a menos que dé la casualidad de que seamos un científico espacial o un programador informático, encontraremos incluso esa tarea complicada y difícil de llevar a cabo. En una ocasión, una persona que estaba realizando un trabajo con los ordenadores del áshram me llamó urgentemente. Me dijeron que la impresora ya no funcionaba. Habían hecho todo lo posible, pero aun así estaba muerta y bien muerta. Cuando llegué me di cuenta de que la impresora ni siquiera estaba enchufada.

Si queremos entender las palabras de Amma, debemos abandonar la idea de que ella es simplemente un cuerpo de carne y hueso dotado de una mente tan limitada como la nuestra. Si puede cuidar de todos nosotros, debe estar aquí y ahora con cada uno de nosotros, aunque sea invisible para los ojos de nuestro cuerpo. Su experiencia de su Ser tiene que ser muy diferente de la nuestra. A su propia manera misteriosa puede limpiar todos los obstáculos y ayudarnos a lo largo de todo el camino.

La Bhágavad Guita dice:

Todo este mundo está lleno de Mí. Mi forma no es manifiesta. Todos los seres habitan en Mí, pero yo no habito en ellos.

Ni esos seres habitan tampoco en Mí ¡Contempla mi yoga divino! Sosteniendo a todos los seres, pero no habitando en ellos, mi Ser es la única Causa de los seres.

Igual que el poderoso viento que se mueve por doquier descansa siempre en el espacio, sabed que todos los seres descansan en Mí.

Cap. 9, v. 4-6

Y también:

Por la devoción Me conoce realmente, qué soy y quién soy. Entonces, conociendo mi realidad, entra en Mí.

Haciendo constantemente todas las acciones, cualesquiera que sean, tomando refugio en Mí, por mi Gracia alcanza la Morada eterna e imperecedera.

Dedicándome mentalmente todas las acciones, considerándome el Supremo, recurriendo a la concentración mental, haz todo siempre con el corazón fijo en Mí.

Fijando el corazón en Mí, tú, por mi Gracia, atravesarás todas las dificultades; pero si por soberbia no Me escuchas, perecerás.

Escucha de nuevo mi palabra suprema, la más secreta de todas; porque eres mi firme amigo, te diré qué es lo bueno.

Fija el pensamiento en Mí, sé mi devoto, adórame, ríndeme homenaje. Así llegarás a Mí. Te proclamo esa verdad (porque) eres querido para Mí.

Cap. 18, v. 55-58, 64-65

Y finalmente:

Y quienquiera que en el momento de la muerte, pensando solo en Mí, abandone el cuerpo y salga de él, alcanzará mi ser. No hay ninguna duda de eso .

Cuando un ser humano abandone el cuerpo, cualquier ser en el que esté pensando en ese momento, a él solo, oh hijo de Kunti, llegará aquel que ha estado constantemente preocupado por el pensamiento de ese ser.

Por tanto, en todo momento, medita en Mí y pelea. Con la mente y la razón fijas en Mí, tú, sin duda alguna, vendrás solo a Mí.

Cap. 8, v. 5-7

Evidentemente, eso no significa que ya no sufriremos más después de hallar refugio en Amma; pero, de la misma manera que los padres dan la mano a sus hijos cuando se están esforzando por aprender a andar y no dejan que se caigan y se hagan daño, ella nos sostendrá con sus manos omnipresentes si seguimos sus instrucciones. Por esa razón debemos estudiar sus enseñanzas, para saber cuáles son sus instrucciones, tanto en un sentido general como en cualquier asunto específico para nosotros. Esa es la letra pequeña del final del contrato.

Capítulo diecinueve

Veracidad y responsabilidad

¿Por qué los sabios le conceden tanto valor a la verdad? La verdad relativa es un reflejo en la Naturaleza de la Verdad trascendente absoluta o Brahman. Decimos mentiras para proteger nuestro ego, para conseguir algo. El ego es la completa antítesis de la Verdad Suprema. El ego oculta la Verdad a nuestra vista y nos hace sentir que somos seres separados. Es una gran mentira. Ateniéndonos a la verdad, debilitamos algunas partes del ego y progresamos espiritualmente.

No puede haber excepciones a esa regla cuando nos relacionamos con Amma; no hay que decirle ni una mentira blanca. Mentir es algo bastante natural para los seres humanos; lo hacemos todo el tiempo, intentando parecer buenos y no tener nunca la culpa. Todos esos son mecanismos del ego. Podemos no dudar en mentir ni siquiera a la Mismísima Verdad bajo la forma de Amma. No podemos engañarla. Ni siquiera podemos exagerar con ella. Ella siempre conoce la verdad sobre una persona o situación. Exagerar o mentirle, lejos de hacernos quedar bien, acaba haciéndonos quedar muy mal. Demuestra falta de confianza en ella, mata nuestra inocencia y nuestra devoción, muestra que tenemos más devoción a nuestro ego que a Dios y la maldad sustituye la inocencia. Debemos estar extremadamente atentos para no actuar con Amma de la forma en la que actuamos «ahí afuera».

Algunos abogados pueden tener dudas sobre cómo seguir con su trabajo después de haber oído esto. Un abogado le preguntó a Amma:

Abogado: «¿Cuál es nuestro destino, Amma? Nosotros andamos metidos en procesos judiciales, disputas, mentiras, etc.».

Amma: Todo eso está bien, hijo. Es el dharma (deber) de un abogado luchar por defender a su cliente en un pleito; eso no está mal. Cuando defiende a un delincuente, un abogado solo está cumpliendo con su deber. Pero incluso entonces, si es posible, solo acepta casos honrados. El pecado no recae sobre el abogado si el delincuente se salva gracias a la defensa que él ha desplegado. El delincuente solo se ha salvado del tribunal de justicia, pero no puede librarse del tribunal de Dios. Hay que asumir los resultados de las propias acciones.

Como cualquier otra persona, también un abogado puede llegar a la espiritualidad abandonando la vida mundana cuando en él haya nacido y crecido el verdadero vairaguia (desapego). Hasta entonces, hay que cumplir el suadharma (dharma propio) dedicándole todo a Dios.

En los tiempos antiguos solo había verdad. Todas las familias vivían en la veracidad. Aunque alguien fuera un criado no abandonaba la verdad aunque le ofrecieran millones. Si te aferras a la verdad, todo lo demás la seguirá. Sin verdad, nada bueno puede existir. La verdad lo es todo. La verdad es Dios.

La otra cualidad que Amma pide que cultivemos es el sentido de la responsabilidad. Nos dice eso por propia experiencia. Ella siempre ha actuado de una forma responsable. Aunque vive en un plano sublime, más allá de la conciencia corporal, y no siente apego por nadie, sigue haciendo lo que le parece constituye su deber.

En los días anteriores a la existencia del áshram cuidaba de su familia y de otros parientes, aunque eso le supusiera pasar muchas privaciones. Cuando su padre estuvo enfermo en el hospital, aunque en aquellos días ya estaba dando darshan en Krishna Bhava, llevaba a cabo todas las tareas de la casa, además de cocinar para él y llevar la comida hasta el hospital, que estaba a treinta y cinco kilómetros de distancia. Para tomar el autobús en la ciudad tenía que pasar por delante de algunas personas que la insultaban, le chillaban e incluso le tiraban piedras, gritando «¡Eh, Krishna, eh, Krishna!», para ridiculizarla. No por ello dejó nunca de cumplir su deber. La vida de Amma ha sido de cumplimiento constante y misericordioso de su deber para con la humanidad, sin importarle el sufrimiento que tuviera que soportar. Siempre ha sido consciente de su deber, mundano o espiritual. Podemos ver las enseñanzas del karma yoga expresadas por completo en ella: cumple tu deber y entrega los frutos a Dios. Y estate dispuesto a hacerlo hasta la muerte.

Amma siente que su vida es para consolar el sufrimiento de los *jivas* (individuos) y para ponerlos en el camino de la liberación del ciclo de nacimientos y muertes. Se toma esa tarea tan en serio que sigue sometiendo su cuerpo a una tensión y un sufrimiento inimaginables, hoy más aún que nunca. Como todos sabemos, para ella no es raro estar sentada durante dieciocho horas seguidas o más, consolando a aquellos que acuden a ella buscando alivio.

Amma nos dice que hagamos sádhana regularmente, pero también nos pide que santifiquemos nuestra vida diaria. Si no lo hacemos, la paz de la mente puede quedar fuera de nuestro alcance. La paz que obtenemos durante la sádhana hay que llevarla a la vida diaria. Después de todo, nuestra vida diaria es lo que más nos distrae. Tenemos que encontrar formas para pensar en Dios a todas horas.

Señora aconsejada que vea a Dios en su nieto

Una anciana fue con su nieto a ver a un mahatma para preguntarle si estaría bien que renunciara a su familia y se mudara a Brindavan, la residencia infantil del Señor Krishna, para hacer sádhana. ¿Era recomendable, en su caso, romper todos los lazos familiares?

—Por favor, escucha atentamente. ¿Qué es eso que te mira por los ojos de tu nieto? ¿Qué fuerza o energía es esa que mana de cada poro de su cuerpo? —respondió el sabio.

—Debe ser Dios, desde luego —dijo la señora.

—Cuando vayas a Brindavan, tendrás que rendir culto a una deidad día y noche, a la imagen de Shri Krishna. ¿Acaso no es el cuerpo de ese niño tan buena imagen de Krishna como lo es la imagen de piedra de Brindavan? —preguntó el suami.

La mujer se quedó petrificada un momento, y después pensó que el santo debía tener razón. ¿Para qué ir a Brindavan cuando podía adorar a Dios igual de bien en el cuerpo de su nieto? ¿No era Dios el que miraba por sus ojos, hablaba por su boca y hacía que se realizaran todas las funciones de su cuerpo?

Sonaba bastante fácil, pero luego venía la trampa:

—Ya no debes considerar al niño como tu nieto, ya no estás emparentada con él en manera alguna. Debes considerarlo el Señor y eliminar toda sensación de familiaridad y de vínculo mundano con él. El único vínculo debe ser entre Dios y tú en ese niño. Dale todo el amor de tu corazón a Dios en esa forma. Esa es la auténtica renuncia —le dijo el santo.

Amma no nos pide que abandonemos el mundo; nos pide que abandonemos nuestros apegos y vínculos mundanos. El amigo, la mujer y el marido deben dejar de ser tales. Solo hay que ver a Dios en todos ellos. Incluso, debemos renunciar a los sentimientos negativos hacia nuestros enemigos y las personas malvadas y ver en ellos a la Divinidad. Nuestra visión del mundo debe transformarse en la Visión de Dios en todo. Hay que sublimar todas las relaciones personales y elevarlas al nivel de una relación universal con Dios. Amma es la personificación exacta de esa verdad y el mayor ejemplo para nosotros.

Amma dice:

> Habiendo obtenido una forma humana, hay que elevarse hasta lo Divino. Hay que entregar el ego individual a Dios y, así, llegar a ser perfectos. Nada es imposible para Maya, hijos. No caigáis en esa calamidad llamada Maya. No seáis víctimas de la ilusión y el lamento. Liberad la mente de sus garras.

Después de muchas, muchas vidas como especies subhumanas recibimos por fin una forma humana y de ese modo el Creador nos da la oportunidad de lograr la unión con Él. De hecho, la meta final, el verdadero objetivo de la evolución, es la unión con el creador de la evolución. Amma y las escrituras nos dicen que nunca podremos ser verdaderamente felices a menos que experimentemos la unidad con el Creador. La creación, por muy grande y maravillosa que sea, nunca puede colmar el pozo sin fondo de nuestro deseo de felicidad eterna, siempre nueva y exquisita.

Oru nímishm éngilum («Incluso por un momento»), una canción popular cantada por Amma, significa:

> ¡Oh, ser humano! ¿Tienes paz mental, siquiera por un segundo, cuando buscas la felicidad en este mundo?

> Sin ver la Verdad, corres tras la sombra de Maya. Te enfrentarás al mismo destino que la polilla engañada por la visión de un fuego brillante.

> Habiendo evolucionado poco a poco durante distintas encarnaciones como gusanos, criaturas reptantes de diferentes clases, pájaros y animales, te has convertido en un ser humano. ¿Cuál es la finalidad de una vida humana sino el Conocimiento del Ser?

> Desecha la lujuria, el orgullo y la avaricia. Abandona la vida ilusoria y emplea tu nacimiento humano para cantar la gloria del Supremo Brahman. El Conocimiento de Dios es tu derecho de nacimiento; no malgastes esta preciosa vida.

Capítulo veinte

El ser humano, la gloria de la creación

Intuición frente a instinto

Las escrituras de la India nos dicen que, de todos los seres vivos, solo el ser humano está dotado de discernimiento, por lo que es superior a todos los demás. Al oír esa verdad, los animales del bosque tuvieron dudas sobre su veracidad. El astuto zorro se enfadó por la glorificación del ser humano y su posición eminente en la creación de Dios. Pensó en su interior: «¿Soy yo, en algún aspecto, menos inteligente que el ser humano, o es él menos astuto que yo cuando se trata de engañar a los demás? Es una criatura viva tanto como yo. De hecho, yo estoy más satisfecho que él. No llevo ropas costosas ni diferentes en cada estación. Soporto el calor y el frío con paciencia. No necesito paraguas para protegerme de la lluvia, ni gafas oscuras para evitar el resplandor de la luz del Sol en verano. No necesito un coche o un tren para ir de un lugar a otro. Si nosotros los animales poseemos todas esas nobles características, y muchas más, ¿por qué debe considerarse al ser humano superior a nosotros? Me encargaré de que se ponga fin a esa injusticia».

El zorro corrió de acá para allá animando a otros animales a unirse a él. Fue capaz de reunir un buen número de ellos. Después todos fueron a ver al elefante.

—Hermanos, sin duda hay algo de verdad en lo que decís. Vayamos a ver a otro habitante del bosque y confirmemos su punto de vista. Allí, en aquella cabaña, vive un sabio. Vayamos y presentémosle nuestro caso —dijo el sabio elefante.

Y todos estuvieron de acuerdo con su sugerencia.

—Suami, me conoces bien —ladró el perro—. Soy el símbolo de la gratitud. Si un hombre me golpea mil veces pero me da un poco de comida, aunque solo sea una vez, le estaré agradecido toda la vida y estaré dispuesto a dejarme la vida en su servicio. Pero el ser humano olvida los mil servicios que se le han prestado y recuerda el único error que su amigo haya podido cometer. Ignorando por completo la ayuda recibida, está dispuesto a matar a los de su sangre si se le engaña una sola vez, aunque sea sin querer. ¿Cómo puedes, entonces, decir que el ser humano es superior a los animales?

Y este fue el alegato de la vaca:

—El ser humano me lleva a los pastos a pastar. A veces me da un poco de paja o de cáscaras. A cambio yo le doy mi nutritiva leche. En ocasiones, mata de hambre a mi cría para alimentarse él mismo y a sus hijos. Cuando le doy de comer de ese modo a él y a su familia, me da cobijo en un espacio pestilente y sucio en la parte de atrás de su casa. En el momento en el que me quedo seca, me maltrata y no me hace caso. Si me vuelvo vieja, me echa o me vende al carnicero. Así es el ser humano, a quien pones por las nubes. Por favor, dime por qué.

Y llegó el turno del cuervo:

—¿Tiene el ser humano esta cualidad excepcional que yo poseo? Incluso si me lanzan una pequeña migaja de pan, emito un graznido y llamo a todos mis hermanos y hermanas para compartirla con ellos. Pero el ser humano hace justo lo contrario.

Por mucho que tenga, acumula aún más, e incluso hace todo lo que puede para arrebatarle el pan a su vecino. ¿Cómo puede el ser humano, egoísta y avaricioso, ser puesto por encima de mí?

El pez susurró:—¡Oh, sabio! No diré que el ser humano es inferior a mí, pero lo considero absolutamente tonto. No le he hecho daño alguno. De hecho, le sirvo manteniendo los estanques, pantanos, lagos y ríos limpios. Yo me como la suciedad que él tira al agua. Pero, en lugar de conservar a un benefactor tan bueno, ese insensato ser humano me pesca, me mata y me come. ¿Consideras a ese necio ser humano superior a mí?

La mula rebuznó:

—El pez tiene razón. Mira en qué lamentable situación me encuentro. Soy una bestia de carga, conocida por la divina cualidad de la paciencia. Soporto insultos y golpes pacientemente. Sin mi servicio la gente de la montaña perecería, pues no tendría lo necesario para vivir. Les llevo la comida y otros bienes. ¿Cuál es mi recompensa? ¡Golpes y más golpes! ¿Es ese ser humano superior a mí?

—Contádselo todo, amigos, contadle todo lo relativo a vuestras cualidades y vuestros logros sobrehumanos —intervino el astuto zorro.—Señor —dijo el ciervo—, la misma piel sobre la que te sientas y meditas en Dios pertenece a nuestra especie. ¿Alguna vez has oído que la piel del ser humano haya servido para algo? En cuanto a la belleza, los ojos más hermosos de una doncella se comparan a menudo con los míos. Mi bellísima cornamenta adorna las paredes de los seres humanos.

—Igualmente —dijo el pavo real—, mis plumas son tan fascinantes que hasta el Señor Krishna las puso en su turbante. El Señor Shánmukha me utiliza como su vehículo y muchos de sus devotos usan mis plumas como varitas mágicas para ahuyentar los malos espíritus. Nunca nadie ha oído que la piel o el pelo del ser humano se usen de esa manera.

—Todas mis excreciones son consideradas sagradas y altamente purificadoras —añadió la vaca—. La *panchagavya* es un producto que siempre está presente en todos los ritos sagrados del ser humano. La sola mención de las excreciones humanas provoca únicamente el vómito en el hombre, y el más pequeño contacto con ellas tiene que ir seguido de un concienzudo lavado o de un baño.

—¿Puede algún ser humano presumir de poseer un sentido del olfato tan maravilloso como el que yo poseo? —preguntó el perro.

—¿Puede algún ser humano presumir de poseer un sentido de la vista tan maravilloso como el que yo tengo? —inquirió el halcón.

—¿Puede algún ser humano ver durante la noche y el día con la misma facilidad que yo? —fue la pregunta del gato.

—Puedo hacer cosas fabulosas. Tengo un cuerpo enorme. Hay innumerables historias acerca de mi inteligencia. Mis colmillos y mis huesos son transformados en bellísimas imágenes e ídolos de marfil. Todo eso es cierto, pero ten la bondad de explicarnos por qué se considera al ser humano superior a nosotros. Aun cuando estoy de acuerdo con los argumentos de mis hermanos, me parece que debe haber alguna razón sensata para eso —dijo el elefante.

Todos los animales esperaron pacientemente para escuchar al sabio, que dijo:

—Escuchad, parientes míos de la jungla. Todo cuanto habéis dicho es verdad; pero Dios ha dotado al ser humano del ojo del discernimiento, el intelecto, que distingue lo correcto de lo erróneo, la verdad de la falsedad, lo bueno de lo malo. A vosotros os gobierna el instinto. El ser humano puede lograr la intuición.

Puede controlar sus instintos y, por medio de la intuición, llegar a Dios.

—¿Y si no lo hace? —preguntó el astuto zorro.

—Si no lo hace es, por supuesto, peor que un animal. Si lo hace es, con mucho, superior a cualquier otro ser de la creación —respondió el sabio.

Después de oír eso, los animales se fueron satisfechos.

El sueño americano

Muchas personas de todo el mundo creen que vivir «el sueño americano» los hará felices. ¿Qué es exactamente el sueño americano? Hay muchas definiciones, pero todas parecen reducirse a esto:

> Un conjunto de ideales en el que la libertad incluye la oportunidad de prosperar y tener éxito, así como de que la familia y los hijos asciendan socialmente por medio del trabajo duro, en una sociedad con pocas barreras.

Pero actualmente, en Estados Unidos, incluso muchos niños en edad escolar están sintiendo el vacío del sueño americano de lograr una casa bonita, un trabajo, un coche y otros placeres materiales. Les parece que unas buenas relaciones son más importantes que cualquier objeto material.

El problema con ese análisis es que no llega lo suficientemente lejos, porque las relaciones también pueden estropearse y volverse dolorosas y vacías.

Por supuesto, Amma también acepta que la riqueza material y los placeres son objetivos importantes en la vida. Fijaos en todos sus proyectos benéficos, con los que se intenta proporcionar a las personas, al menos, lo mínimo necesario para vivir y la oportunidad de llevar una vida feliz; pero ella también dice que solo la relación con Dios satisfará el anhelo de felicidad del corazón humano. Cuanto más cerca se está de Dios, más se disfruta de la dicha divina y de paz. Esa es la experiencia de todos los devotos y las devotas a lo largo de los siglos.

Los mahatmas, pasados y actuales, dicen que, cuando el alma se acerca al final de su ronda de nacimientos y muertes, adquiere una cierta aversión por el mundo. Eso acaba llevándola a la devoción a Dios. Parece una ley de la naturaleza que, en ese momento, se obtiene un guru que le muestra el camino que lleva al despertar de la Ilusión Universal.¿Qué es eso que nos mantiene viajando por el ciclo de nacimientos y muertes? Maya oculta al Creador y proyecta la creación, y eso nos vuelve ciegos a nuestra verdadera naturaleza como almas imperecederas y hace que creamos que somos el cuerpo perecedero.

Amma dice, una y otra vez, que no debemos quedarnos satisfechos con el *status quo*. Debemos relacionarnos con almas despiertas, de manera que nos sintamos insatisfechos con Maya y nos esforcemos por despertar. El dicho de que «pájaros de la misma pluma van en bandada» es bastante cierto.El gran sabio Adi Shankaracharya, cuyas enseñanzas sobre el aduaita vedanta (o no dualidad) son aceptadas como propias por Amma y otros mahatmas contemporáneos, como Shri Rámana Maharshi, escribió muchos himnos devocionales y aduáiticos. En uno de ellos, *Bhaja Govíndam*, nos habla de la grandeza de relacionarse con los sabios:

> Satsangatve nissangátvam
> nissangatve nirmohátvan
> nirmohatve nishchalatáttvam
> nishchalatattve jivanmukti

La compañía de los buenos aleja los falsos apegos. Del desapego viene la libertad de la ilusión. Cuando la ilusión acaba, la mente se vuelve decidida y firme. Y de una mente decidida y firme viene la jivanmukti (liberación en esta vida).

Nos dice que es imposible atravesar samsara, el mar de la vida y de la muerte, salvo con la ayuda de Dios.

> Punarapi jánanam punarapi máranam
> punarapi jánani játhare sháyanam
> iha samsare bahudústare
> kripayaparé pahi murare

> Una y otra vez se nace,
> y una y otra vez se muere,
> y una y otra vez se duerme en el seno materno.
> Ayúdame a cruzar este infranqueable, ilimitado mar
> de la Vida, mi Señor.

Maya nos convierte en borregos. Durante la mayor parte del tiempo hacemos lo que todo el mundo hace. Excepcionalmente, una persona piensa en el fin último de sus acciones. La muerte y la compañía de los sabios nos sacuden, despertándonos, y nos hacen pensar profundamente sobre la vida.

Suami Vivekananda y un estudiante

Suami Vivekananda iba navegando hacia los Estados Unidos por segunda vez, cuando en el barco conoció a un estudiante indio, que también se dirigía a Estados Unidos para hacer sus estudios superiores. El estudiante parecía una persona muy sofisticada y se comportaba con arrogancia, ya que muy pocas personas viajaban al extranjero en aquellos días. El suami pensó que ese sería el momento perfecto para proporcionarle valores adecuados para la vida. Así que, una tarde, cuando se encontraron en cubierta, Suámiji le preguntó al estudiante:

—Hijo, ¿para qué vas a Estados Unidos?

—Voy a hacer estudios superiores, señor. Me llevará de cuatro a cinco años.

—¿Y qué pasará después?

—Regresaré a la India. Estoy seguro de que conseguiré un trabajo muy bueno y ganaré mucho dinero.

—¿Y después?

El estudiante estaba sorprendido. ¿Era el suami tan ignorante como para no conocer el valor del dinero?

—Entonces, señor, seré la persona más afortunada. Todos los padres de las chicas casaderas vendrán a mí con proposiciones. Estaré en situación de poder establecer mis propias condiciones y casarme con la chica que yo elija.

—¿Y después?

El estudiante se sintió irritado ante esas preguntas, pero no lo manifestó, aunque contestó con impaciencia:

—Entonces, señor, cuando vivamos juntos, vendrán los niños. Yo llegaré a ser un directivo importante; tendremos un chalet para vivir y un coche. Los niños recibirán la mejor educación y tendrán todas las oportunidades para tener éxito en la vida. Mis hijas se casarán bien y mis hijos podrán, incluso, salir al extranjero para hacer estudios superiores y conseguir buenos trabajos.

—¿Y después?

Ahora sí que el estudiante estaba seguro de que el suami se estaba burlando de él. Le miró a la cara para ver su expresión, pero estaba inexpresivo. Así que, con creciente irritación, el estudiante dijo:

—Señor, para cuando mis hijos ya estén situados en la vida, yo estaré cerca de la edad de retirarme. Así que construiré una casita en mi pueblo y viviré allí después del retiro, tendré una buena pensión y viviré cómodamente.

—¿Y después?

Esa vez el estudiante perdió el control.

—¿Qué clase de preguntas me está haciendo? ¿Qué más puede decirse? ¡Después, me moriré! —replicó enfadado.

El suami sonrió con calma, y dijo:

—Si solo se trata de ganar dinero, comer, tener hijos y después, un día, morir, ¿cuál es el valor de una vida humana? ¿No hacen lo mismo los animales sin necesidad de una educación en el extranjero? ¿No hacen lo mismo los pájaros sin tener estudios? ¿No hacen lo mismo los peces sin salarios elevados y chalets? El nacimiento y la muerte son comunes a todos los seres. Sin duda, hay que llevar una vida digna, pero siempre hay que tener ideales elevados. Está bien tener dinero y posición, pero solo merecen la pena si se usan para servir a los demás.

El estudiante se sintió avergonzado y decidió que desde aquel día llevaría una vida cuyo objetivo fuera servir a la sociedad.

Desde luego, si el suami hubiera podido pasar más tiempo con ese hombre, sin duda que, poco a poco, habría orientado su mente hacia ideas más espirituales y metas más elevadas, como está haciendo Amma.

Si hemos extraviado una cosa, ¿qué hacemos para encontrarla? Pensaremos en ella hasta que caigamos en la cuenta de dónde está. Del mismo modo, Amma dice que ahora hemos «extraviado» a Dios entre todas nuestras ocupaciones y posesiones, es decir, en este mundo. Para encontrarlo, debemos pensar en Él. También hay que recordar que Él está en nuestro interior, oculto por nuestro sinfín de pensamientos y sentimientos. Encontrarlo en nuestro interior es la alegría más grande, el final de todo sufrimiento, el nacimiento de la dicha suprema.

Hay muchas formas de pensar en Dios, como la meditación, el japa, los bhajans, la seva y otras. Pero, excepcionalmente, unos pocos devotos y devotas tienen la enorme buena fortuna de ser coetáneos de un Alma Divina. Los *Yogasutras de Patáñjali* dicen que pensar en un mahatma es una forma muy natural y eficaz de meditación, que purifica la mente inquieta. Grandes almas como Krishna, Rama, Buda, Jesús y Shri Ramakrishna, atrajeron a incontables almas con su divino magnetismo. Muchas almas lograron pureza mental y encontraron a Dios gracias a su relación con esos mahatmas. Del mismo modo, nosotros tenemos la bendición de la presencia divina de Amma y nuestras posibilidades de alcanzar a Dios también son tan grandes como las de aquellas almas bienaventuradas. Pero debemos vaciar la mente de su preocupación por el mundo y llenarla del pensamiento de Dios o de la Guru. En algún momento se producirá la revelación de que la Guru está en nuestro interior y es nuestro Ser más amado.

Los habitantes de Brindavan, las gopis y los gopas, tenían esa devoción natural por el Señor Shri Krishna. Aunque llevaban una vida ordinaria, tenían el pensamiento de Krishna siempre en el fondo de la mente. Para fortalecer su fe y su devoción, el Señor realizó muchos milagros, grandes y pequeños.

Los sádhakas avezados no necesitan milagros o confirmación alguna de la naturaleza divina de su Guru. Siempre pueden sentir la intensa paz y la dicha que irradia la persona de la Guru. Pero el resto de nosotros, simples seres humanos, necesitamos una confirmación de vez en cuando. Si estamos alerta, poco a poco nos daremos cuenta de que, a menudo, experimentamos los milagros de la gracia de Amma. Para ver las cosas a esa luz debemos aceptar que tanto lo placentero como lo doloroso son su gracia.

Mirad de cerca vuestras vidas. Amma está siempre con vosotros, enseñándoos, atrayendo vuestra mente hacia ella. No temáis. Sed valientes y tened fe en estas palabras de Amma: «Yo estoy siempre contigo, hijo mío». Ella estará con nosotros, ahora y por toda la eternidad.